해역네트워크 속의 부산

해역네트워크 속의 부산
부경대학교 해역인문학 시민강좌 총서 07

초판 1쇄 발행 2024년 7월 30일

지은이 신상원 차철욱 백현충 전지영 전성현 김성민 이보고 공미희 전성욱 서광덕
펴낸이 강수걸
편집 강나래 이선화 이소영 오해은 이혜정 김효진 방혜빈
디자인 권문경 조은비
펴낸곳 산지니
등록 2005년 2월 7일 제333-3370002510022005000001호
주소 부산시 해운대구 수영강변대로 140 BCC 626호
전화 051-504-7070 | 팩스 051-507-7543
홈페이지 www.sanzinibook.com
전자우편 sanzini@sanzinibook.com
블로그 sanzinibook.tistory.com

ISBN 979-11-6861-363-8 03300

* 책값은 뒤표지에 있습니다.
* 이 책은 2017년 대한민국 교육부와 한국연구재단의 지원을 받아 수행된 연구임.
(NRF-2017S1A6A3A01079869)
* 잘못된 책은 구입하신 곳에서 교환해드립니다.

부경대학교 인문사회과학연구소
해역인문학 시민강좌 총서 07

해역네트워크 속의 부산

부경대학교
인문한국플러스사업단 엮음

산지니

책을 펴내며

　국립부경대학교 인문사회과학연구소와 해양인문학연구소는 인문한국플러스(HK+)사업 '동북아해역과 인문네트워크의 역동성'이란 어젠다를 구현하기 위해 지난 7년간 많은 연구를 진행했고, 아울러 그 연구성과를 부산시민을 비롯한 많은 대중과 공유하기 위해 시민강좌총서 시리즈를 발간해왔다. 이 책은 한국을 대표하는 해양도시 부산을 대상으로 도시의 형성과 성장에 있어서 외부와의 연계가 어떻게 이루어졌는지를 다양한 시각에서 살펴본 결과물이다. 곧 부산이란 도시를 해역네트워크의 관점에서 따져보며, 그 과정에서 부산의 속살을 드러내고 부산의 미래를 조망하려고 했다.

　이 책의 기획자로서 10꼭지의 주제를 선정했고, 필자들에게 각각의 주제를 간단한 메모로 전달한 뒤 원고를 받았는데, 원고들마다 각 필자들의 관점이 드러나면서 기획자가 예상했던 것과는 사뭇 다른 내용들이 담겨서 흥미로웠다. 필자들 모두 이 분야에서 상당한 내공을 쌓은 분들이라 부산과 바다에 대한 얄팍한 공부밖에 하지 못한 기획자의 의도를 뛰어넘는 성과를 보여주어 고마운 마음이 들었다.

이 책을 관통하는 주제는 부산이 닫힌 공간 또는 장소가 아니라 외부로 열려 있는 곳이라는 점이다. 신상원은 「은둔의 나라? 해양사에서 본 조선과 부산의 세계화」에서 세계화 특히 근세 세계화의 시각에서 부산이 조선 시대부터 외부 세력과의 교류가 활발했던 곳이었음을 웅변하고 있다. 그것이 바다를 통한 교류였음은 말할 것도 없다. 이처럼 바다를 향해 열려 있는 부산의 지리적 특성은 근대 이후 개항과 함께 항만(북항)의 개발로 이어졌다. 백현충은 부산이 지금껏 물류를 담당해온 항구도시에서 해양경제·해양문화 도시로의 전환을 위해 '닫힌 항만'이 아니라 '열린 항만'으로 나아가야 한다고 주장했다. 이는 해운, 항만, 수산업 위주가 아닌 해양금융업, 해양과학, 해양문화가 활성화되는 도시로의 변모를 의미한다.

부산 밖의 지역에서 그리고 부산항을 통해 들어와 부산에 정착하게 된 이른바 '부산 사람들'은 원주민보다 이민자의 수가 더 많을 수밖에 없고 그래서 전지영이 말한 '이민자의 도시'는 타당하다. 그는 부산에 거주하고 있는 일본인 여성 단체 그리고 최근 일본인 결혼이민자 커뮤니티의 상황을 정리하면서 환대에 기반한 세계적인 이민자 도시 부산을 기대하고 있다. 한편 전성현은 남성중심주의와 제국주의가 자본주의와 결탁하여 여성과 식민지를 착취했던 역사를 근대 부산에 적용하고 서발터니티의 문제를 제기하고 있다. 그리고 전성욱은 오성은의 소설 『라스팔마스는 없다』에 대한 분석을 통해 소위 '지방문학'의 가능성이 '장소성'에 대한 천착에 있음을 강조하고, 이를 통해 부산의 로컬리티를 규명하고자 한다.

공간이 사람들의 삶에 어떻게 개입하는지에 대해서는 차철욱이 근대 이후 부산 사람들이 살아왔던 그들의 삶터를 부산 지형의 특징으로 인해 형성된 많은 계단과 축대를 통해서 풀어내고 있다. 곧 축대나 계단은 불편하고 위험해 보이지만 이곳에서 생활했던 사람들에게는 절박했던 환경을 극복하는 수단이었다. 또한 계단은 술판이 벌어지는, 여성들에게는 수다의 공간이기도 했던 것이다. 그리고 1990년대 이후 부산의 해상 외부순환로 건설에 따라 설치된 많은 다리들을 공간의 확장의 수단이 아니라 연대의 기호로서 읽어냄과 동시에 그 다리에 담긴 장소성을 얘기하는 이보고의 글은, '경계짓기와 경계넘기'로 환대하지 않던 도시에서 환대하는 도시로 탈바꿈하고 있는 부산을 얘기하고 있는 김성민의 글과 맞춰 읽으면 재미있다. 공미희는 창조도시론이 제기되고 있는 현실에서 부산을 문화도시로 탈바꿈하려면 어떤 문화적 요소를 발굴해서 가공할 것인지를 얘기하고 있다, 서광덕의 「바다에서 생각하는 부산의 미래」는 최근 부산에서 준비되고 있는 빅프로젝트와 도시재생의 시도가 지속가능한 부산시의 성장과 어떻게 조응할 것인지에 대해서 정리했는데, 부산의 미래는 과거도 그랬듯이 바다에서 찾을 수밖에 없음을 강조하였다.

부산을 얘기하는 책은 무수히 많다. 이 책에서 말한 것이 이미 출간된 부산 관련 서적과 차별성이 있는지는 독자들의 판단에 맡겨야겠다. 살기 좋은 해양도시 부산을 꿈꾸는 사람들에게 작은 도움이 되기를 바란다.

국립부경대학교 인문사회과학연구소 HK교수 서광덕

차례

책을 펴내며   5

01   은둔의 나라? 해양사로 본 조선과 부산의 세계화   11
02   부산의 계단과 축대   29
03   닫힌 항만, 열린 항만   55
04   이민자의 도시, 부산   81
05   부산과 서발터니티   99
06   경계짓기(장벽 쌓기)와 경계넘기(환대하기)   119
07   "연결(連結)"을 넘어, "연대(連帶)"의 기호로서 읽는, 바다 위 다리들   137
08   해양문화도시, 부산   163
09   지방문학, 혹은 고유한 것들의 장소화   189
10   바다에서 생각하는 부산의 미래   213

참고문헌   231
찾아보기   236

01
은둔의 나라? 해양사로 본 조선과 부산의 세계화

1. 서론

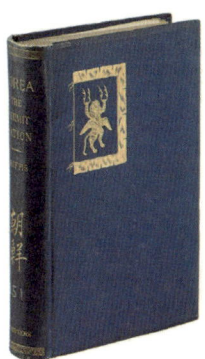

『은둔의 나라, 조선(Corea, the Hermit Nation)』*

* https://www.abebooks.com/first-edition/Corea-Hermit-Nation-Griffis-William-Elliot/30538399016/bd

"한국은 은둔자의 나라로 머무를 수 없다. 가까운 미래에 그녀가 세계에 문을 열게 될 것이다. 상업과 순수한 기독교가 들어와 백성들을 고양시킬 것이며, 과학, 인류학, 언어를 공부하는 학생들은 아직 풀리지 않은 많은 문제를 해결할 수 있는 매력적인 분야를 발견하게 될 것이다. 오늘날 금단의 땅은 많은 점에서 옛 일본과 유사하다. 마지막 은둔의 나라가 미래의 용감한 페리를 기다리는 동안, 우리는 해돋이 왕국이 걸어온 것과 같은 찬란한 발전의 길이 아침 고요의 땅에서도 펼쳐지기를 기대할 수 있다."*

『은둔의 나라, 조선』에서 묘사된 16세기 조선 무장의 모습

---

* Griffis, W., *Corea, the Hermit Nation*, London: W. H. Allen, 1882, 10.

해양사(海洋史)는 아직 한국에서 널리 알려진 역사 분야는 아니다. 그나마 국립부경대학교 인문한국플러스(HK+)사업단과 역사학과, 그리고 국립해양대학교에서 해양사를 위하여 많은 노력을 기울이고 있다. 이들의 이런 노력은 매우 귀중하다. 현재 한국 사회에 필요한 세계사적 관점을 제공하기 때문이다. 해양사는 여러 학제 및 지역 간 탐구 주제로서 조선, 해양 무역, 해양 탐험, 이주, 해군 등 명백한 주제들을 다루는 세계사의 한 분야이다. 해양은 전 세계와 연결되는 공간이며, 해양에서 일어난 역사적 사건과 관련 역사 인물들은 어디든 연결되어 있다. 이는 해양이 가지고 있는 기본적인 특성이며, 해양사가 세계사의 한 분야일 수밖에 없는 이유이기도 하다. 왜냐하면, 세계사는 서로 다른 배경과 성향을 가진 사람들 사이의 복잡한 상호작용에 대한 종합적인 조사를 포함하는 역사이기 때문이다. 또, 세계사 역사가들은 주로 지역, 국가 또는 지역 수준에서 각자의 관점에서 바라보는 정치적, 종교적 또는 문화적으로 뚜렷한 공동체에 대한 전통적인 초점을 넘어서, 여러 사회들의 상호연결과 교류 그리고 세계 규모에서 그것들을 연구한다.

19세기에 조선을 방문한 미국인 목사, 윌리엄 그리피스(W. E. Griffis, 1843~1928)는 당시 조선의 사회와 역사, 문화를 담은 책 『은둔의 나라, 조선 (Corea, the Hermit Nation)』을 저술했다. 일본에서 구한 자료와 증언을 바탕으로 한 이 책에서 그는 "한국은 은둔자의 나라로 머무를 수 없다. 가까운 미래에 그녀가 세계에 문을 열게 될 것이다. … 우리는 해돋이 왕국이 걸어온 것과 같은 찬란한 발전의 길이 아침 고요의 땅에서도 기다리고 있기를 바랄 수 있다."라고 말했다. 이후 '은둔의 나라, 조선'이라는 표현은 오랫동안 사용되었다. 그러나, 해양사의 관점에서 본다면 조선이 무조건 은둔의 나라였던 것은 아니다. 동아시아 내에서 주변 여러 사회들과 해양으로 연결되어 있었기 때문이다. 부산도 이 해양 세계화의 한 부분을 담당하고 있었다.

2. 동아시아 근세 세계화 속 해양사

세계화(globalisation)는 여러 사회와 그 사회의 사람들 간에 국제적 상호 연결성과 의존성이 정치, 경제, 문화, 기술 등의 영역에서 증대되는 현상을 말한다. 동아시아 해역에서의 근세 세계화(archaic globalisation)는 현대의 전 지구적 규모의 상호 연결성과 의존성을 갖지 못했을 것이다. 이는 근세의 기술 및 사상적 한계로 인해 동아시아 해역에 국한되었기 때문이다. 따라서, 근세 동아시아 해역 세계화는 제국의 등장과 동아시아 각 정부의 허가를 받은 상인이나 군대, 지식을 독점한 엘리트 층과 승려들이 국외로 교류하며 만들어 낸 세계화이다. 이들에 의해 장거리 무역과 종교 또는 특정 문화의 국제적 확산 등의 현상이 나타났다. 기술 발달의 한계로 인해 대량 생산 및 국제 운송과 통신이 제한적이었으며, 선별된 종류의 제품, 종종 사치품이 동아시아 해역 내에서 거래되었다. 이러한 이유로 동아시아 해역 내 근세 세계화에서는 현대 세계화에 나타나는 세계적 의식이 동아시아로 국한된 형태였으며, 주로 지식 엘리트 층이 공유하는 형태였다.

이런 지역적 세계화는 13세기부터 전 세계적으로 나타났다. 이 세계화는 중국, 인도, 중동, 지중해 등 4개의 핵심 지역을 중심으로 서로를 무역로로 연결하고 있었다. 이 근세 세계화는 이후 나타난 세계화, 즉 초기 세계화(proto-globalisation)와 근대 세계화(modern globalisation)에 종속될 때까지 지속되었다. 초기 세계화는 주로 유럽의 포르투갈과 네덜란드가 주도했다. 이 세계화는 곧 근대 세계화로 변모하며, 근대 세계화는 근대 자본주의와 유럽 열강들에 의해 전 세계가 그 대상이었다.

동아시아의 근세 세계화에 대해 이해하려면, 한국, 중국, 일본의 장거리 무역과 종교 또는 특정 문화의 국제적 확산을 살펴볼 필요가 있다. 특히, 중국의 거대한 국가 규모, 도시의 부유함, 기술자와 장인의 높은 기술력, 비단, 차, 도자기와 같은 고품질 소비재, 예술과 문학의 섬세함, 그리고 유교 이념의 지적 매력은 동아시아 및 동남아시아에서 널리 환영받았다. 한국, 일본, 베트남(베트남 일부 지역은 서기 939년까지 천 년 이상 중국의 지배를 받았다)에서는 중국을 문화적 성취와 정치적 질서의 모범으로 여겼다. 중국 상인들은 동남아시아로의 상품 운송을 통해 광범위한 무역망을 발전시켰으며, 중국 선원들의 항해 기술과 자기 나침반의 최초 사용은 아랍이나 유럽의 선원들과 비교해도 손색이 없었다. 조선과 일본 두 나라는 중국과 활발히 무역을 했으며, 조선과 일본 간의 무역도 지속적으로 증가했다. 동아시아 근세 해역에서 근세 세계화의 존재는 당시 동아시아 사회 사이에서 나타난 무역 및 문화의 의존성과 연결성의 증대로 확인할 수 있다. 각 사회를 가로지르는 문화가 나타났으며, 무역은 증가하여 이전보다 사회 간의 연결이 강화되었다. 이것은 조선도 마찬가지였다. 그리고 그 속에서 부산은 끊임없이 해양을 통해 연결된 역사의 한 부분이었다.

3. 근세와 근대 세계화 속의 부산 해양사

부산이 확실하게 세계화의 한 부분에 포함된 것은 태종 7년(1407년) 김해의 내이포(乃而浦)와 함께 부산포(釜山浦)가 개항하면서부터다. 당시 부산의 해양사는 부산, 김해, 마산, 창원 등 동남해권에 있는 여러 지역과 함께 이해되어야 한다. 부산과 이 지역

동래부사접왜사도(東來府使接倭使圖)

이 세계화의 한 부분으로 포함되어 있었기 때문이다. 부산이 중심적인 역할을 담당하기 전, 남포(南浦)가 있던 김해와 합포(合浦: 지금의 경상남도 창원시 마산)가 있던 마산이 일본과의 외교 및 무역 교류의 중추적인 역할을 담당했다. 12세기 중반부터 13세기까지 도청 역할을 했던 김해(金州: 당시에는 금주)는 일본과의 외교 및 무역 관계를 관리하는 행정 중심지로, 객사 및 동남해도부서(東南海都部署)가 자리 잡고 있었다. 13세기 후반 원나라의 개입 이후, 왜구의 공격에 대비한 전략적 방어 거점인 합포진변만호부(合浦鎭邊萬戶府)가 있던 회원현(會原縣: 지금의 경상남도 창원시 마산)은 동남해 해군 작전의 중심지로 부상했다. 고려시대에 '동남해(東南海)'나 '동남도(東南道)'는 주로 개경의 동남쪽 지역을 가리키는데, 이는 동남도절도사, 동남도사 등 지역 지휘관 및 관리의 임명에서 확인할 수 있다. 원종 재위 15년(1274년), 김방경(金方慶)은 일본 정벌을 조율하기 위해 동남도도독사(東南道都督使)로 합포에 파견되었다. 마찬가지로 충렬왕 20년(1294년)에도 안향(安珦)이 합포에 동남도병마사로 임명되었다. '동남해'는 고려시대 해안 방어를 담당한 '동남해(선병)도부서(東南海(船兵)都部署)'로도 대표된다. 동남해도부서는 경주와 김해에 교대로 본부를 두고 '동남해'의 해상 방어 사령부 역할을 하며 일본과의 외교 및 통상 교류를 관리했다.

부산과 그 주변 지역의 역사적 모습은 근세 동아시아 해역 세계화의 여러 측면 중 하나로, 정부의 허가를 받은 군대가 국외와 교류하며 만들어 낸 세계화의 한 예임을 잘 보여준다. 특히, 남포가 있던 김해에는 고려시대부터 해상 활동이 확인된다. 김해의 해양

활동이 부산보다 먼저 두드러진 것은 내륙을 거쳐 남해로 흘러드는 낙동강 하구에 위치한 전략적 위치 때문이었다. 이러한 지리적 이점으로 고려시대에는 김해가 인근 5개 군(의안군, 함안군, 칠원현, 합포현, 웅신현)의 주현(主縣)이 되기도 했다. 낙동강 하구에 위치한 고(古)김해만은 조수(潮水) 간만의 영향을 적게 받는 명지도(鳴旨島)나 취도(鷲島) 같은 섬이 있어 항구로서 유리한 입지 조건을 갖추고 있었다. 특히 취량(鷲梁)이라고도 불리는 만의 북쪽은 수심이 깊어 선박이 밤새 정박하기에 적합했다. 덕분에 남해안에서 김해를 거쳐 낙동강을 따라 활발한 해상 활동이 이루어졌고, 고려시대 김해는 중요한 관문으로서 그 역할을 공고히 했다. 그러나 이러한 해상 관문으로서의 역할 때문에 김해는 고려 후기 왜구의 주요 약탈 지점이 되기도 했다. 예를 들어 1377년 5월, 왜구는 50척의 배로 나누어 남포에 도착하여 황산강과 밀성 등 인근 지역을 공격할 계획이었으나 박위와 배극렴의 활약으로 무산되었다.

김해 지역은 고려시대 해상 무역과 조선 시대 초기 수운 등 해운 활동의 중심지였기에 일찍이 대일 무역의 거점이었다. 1206년 희종 2년, 대마도 사신 명뢰(明賴) 등 40인이 김해 남포에 도착해 전복을 비롯한 여러 물품을 진봉(進奉)했다. 특히 원나라의 개입 이전인 13세기 중반까지 이곳에 위치한 동남해부와 관련 기관들은 일본 간의 교류를 촉진하는 데 중요한 역할을 했다. 경주와 김해 사이를 정기적으로 거점이 변경된 동남해도부서는 중추적인 조직이었다. 선병도부서(船兵都部署)라고도 불리는 이 부서는 고려시대 지역 해역의 방어와 치안, 대외 관계 및 선박 관리 업무를 담당했다. 이 부서는 동계(東界)의 진명(鎭溟)·원흥진(元興鎭)과

북계(北界)의 통주(通州)·압강(鴨江) 그리고 동남해(東南海) 도부서 등 5개 주요 부서 중 하나였다. 김해의 동남해도부서는 군사적 책임 외에도 일본과의 외교 및 상업적 교섭에 깊이 관여했다. 여기에는 공식 협상 관리, 일본의 침략에 대한 봉쇄 및 차단, 표류민 귀환 조직 등이 포함되었다. 외교적 책임이 커짐에 따라 동남해도부서의 본영은 경주에서 김해로 이전했다. 동남해도부서는 대마도나 일기도에서 공물 봉헌을 관리하고 개경으로의 해상 운송을 감독하는 등 역할도 담당했다. 또한 조선과 일본 사이의 해역에 표류한 조선인과 일본인의 구조와 송환을 조율하기도 했다.

김해에는 동남해도부서와 함께 고려에 들어오는 일본 사신과 상인들을 맞이하기 위한 객관(客館)도 있었다. 연구에 따르면 문종 초기 한일 교류의 중심지가 된 김해에 사신과 상인들을 위한 전용 시설이 설치되었다. 이 객관은 지방 관청이 아닌 동남해도부서에서 관리하고 운영했다. 역사서 『동국여지승람』에 따르면 객관은 부산 강서구 녹산동 구랑마을에 있었는데, 김해도호부 명월산 아래 견조암(見助巖) 수참(水站) 근처에 일본 사신을 영접하던 장소로 추정된다. 김해 객관은 문종대를 시작으로 11세기 중반부터 13세기 초중반 몽골의 침입과 몽골의 대일 정책 및 대일 군사작전 등 지정학적 역학관계의 변화로 폐쇄될 때까지 일본과의 주요 외교 및 무역 통로 역할을 수행했다. 13세기 후반부터 14세기 중후반까지 일본의 극심한 약탈로 인해 이 시설을 통한 양국 관계와 활동은 중단되었다. 그러나 고려 말과 조선 초, 일본의 해적 퇴치 논의와 함께 조선-일본 외교 관계가 개선되기 시작하면서 객관의 전통이 되살아나 다시 일본인 방문객을 맞이하게 되었다.

태종 14년(1414년)에 김해 객관은 다시 한번 10명의 일본 손님을 맞이하며 조선 시대 대일 외교 교류의 중요한 장소로 다시 자리매김하게 된다.

　부산이 해상활동 및 조선의 근세 세계화의 중요한 위치로 떠오르게 된 것은 조선 초기부터이다. 조선 초기 기장군과 동래군의 동해와 남해가 합류하는 지점에는 두모포 · 가을포 · 이을포 · 무지포와 해운포 · 회을포 · 거호포 · 입포 등 다수의 포구가 확인된다. 특히 수군만호영이 있던 기장의 두모포와 동래의 해운포는 다른 곳보다 더 중요했을 것으로 보인다. 기장과 동래보다 만(灣) 지형이 발달한 동평현(東平縣: 지금의 부산 당감동과 영도구 일대)에는 경상좌도 수군 도안무처치사(都安撫處置使: 조선 초기 수군의 으뜸 벼슬)가 있던 부산포와 수군 만호영(萬戶營)이 있던 다대포 등 중요한 포구들이 자리 잡고 있었다.

　태종 7년(1407년) 7월의 기록에서 알 수 있듯이 부산포는 다대포보다 높은 위상을 가지고 있었다. 기록에 따르면 군함이 부족하고 전략적 중요도가 낮았던 다대포였기에 부산포의 도만호가 다대포를 같이 방어하는 임무를 맡았다. 부산포에 도만호영이 설치되기 이전에는 1402년 천호(千戶) 김남보(金南寶)를 비롯한 10여 명의 병사가 전사한 큰 공격을 비롯해 왜군의 침입과 기타 사건 사고가 빈번하게 발생했다. 이러한 반복되는 왜구의 침입은 부산포의 유리한 지리적 위치의 중요성을 부각시켰고, 조선 시대 내내 동남해 지역을 상징하는 주요 항구로 발전하는 계기가 되었다.

　13세기 후반 조선 왕조는 왜인을 군사적으로 통제할 수 있는 경상우도 수군절도사가 있는 김해 내이포와 경상좌도 수군도만호가 있던 동래현 부산포를 주요 무역항으로 공식 지정하여 왜인의 교류를 허용했다. 태종 7년(1407년)의 기록은 부산포와 내이포에 처음 왜관을 설치한 것이 초기 통제책의 하나였음을 보여준다. 이때부터 일본 선박은 지정된 두 항구의 왜관에서만 정박과 무역을 할 수 있도록 제한되었다. 1418년 염포(鹽浦, 울산)에 왜관이 추가 설치되었다. 왜관은 이전에 동남해의 여러 항구에 정박해 있던 흥리왜선(興利倭船: 교역을 목적으로 조선에 건너오는 일본 선박)으로 인한 국가 기밀 유출 등의 문제로 인해 설치되었다. 이후 삼포(내이포, 부산포, 염포) 왜관은 일본인들의 분란 등으로 폐쇄와 설치를 반복하다 1547년 부산포 왜관만 남게 되었다.

19세기 조선의 시장*

---

* Elizabeth Keith and Elspet Keith Robertson Scott, *Old Korea: the land of*

17세기 말에 이르면, 일본에서 왜관으로 오는 교역선은 매월 4~5회, 연간 60회 이상 증가하였다. 1689년에는 총 57건의 선박 왕래가 확인되었다. 대부분의 선박은 대마도의 쓰시마 번에서 출발하였으며, 5월을 제외하고 매월 2~4척의 선박이 왜관을 방문했다. 1월에는 13척, 6월에는 8척, 8월과 9월에는 각각 6척의 쓰시마번 선박이 초량 왜관으로 입항했다. 나머지 달에는 매달 1~3척의 선박이 드나들었다. 이들 모두 단순히 부산을 들르기만 한 것은 아니었다. 짧은 일정도 3일 정도이며, 이 경우 왜관과 쓰시마 번의 긴급 연락을 담당하는 비선(飛船)의 경우가 대부분이었다. 그러나 단순 연락이 아니라면, 선박은 144일(약 5개월) 정도 장기 체류하는 경우가 많았으며, 대부분 한 달에서 두 달 가량 체류하는 선박이 절반을 차지했다. 3개월 이상 머무는 경우도 거의 20%에 달했다.

근세 세계화는 민간 무역의 영역에서도 활발히 일어났다. 14세기부터 조선과 중국 사이의 민간 무역은 공식적으로 금지되었지만, 지속적으로 이루어졌다. 해양을 통한 이러한 민간 무역은 종종 조선 정부에 적발되거나 무역선이 난파되면서 조선에 표류하여 발각되기도 했다. 부산과 쓰시마 사이에서도 왜관으로 소화되지 못한 민간 무역은 불법적인 사무역으로 나타났을 가능성이 높다. 근세 세계화가 근대 세계화로 대체되던 19세기 초, 조선은 유럽에서 시작된 근대 세계화의 영향을 직접적으로 받지는 않았다.

---

morning calm(1946).

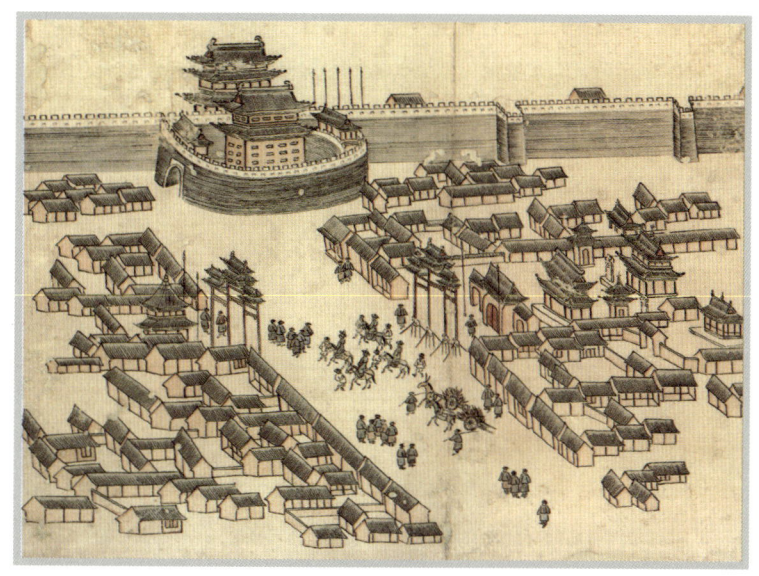
연행도(燕行圖)

그러나 중국 및 일본 상인들과의 무역을 통해 간접적으로 연결되었다. 18~19세기 동안 조선과 중국 사이에서는 포목(布木), 약재, 서적, 인삼 등 다양한 품목이 공적 및 사적 무역을 통해 교류되었다. 이러한 간접적인 연결은 부산까지 이어졌다. 부산 동래의 한 상인은 옥색 비단 상하의 1벌, 서양주(西洋紬) 1단, 삼승 2필, 경광주 화본 1쌍, 만수 향 3속을 선물로 주기 위해 구매했다. 당시 조선에서 서양주와 서양목(西洋木)은 시전에서 매우 경쟁력 있는 가격으로 거래되었다. 시전의 한 상인은 서양목이 시전 상인들에게 미치는 영향을 한탄하며 상당한 일자리 손실을 가져왔다고 주장했다. 청나라 상인들의 서양목 구매와 판매를 제한해야 한다고 주장할 정도로, 서양목의 영향은 컸다. 이는 이 지역에서 서양 문물이 생각보다 광범위하게 도입되고 영향을 미쳤음을 반영한다.

근세 세계화는 단순한 무역을 넘어 동아시아 사회 내에서의 문화교류를 촉진하여 각 사회의 엘리트들이 더 긴밀한 동질감을 형성하도록 이끌었다. 13세기 원나라(1271~1368)부터 시작된 문화적 연결성 강화는 중국의 '우주적 왕권 개념(the Notion of Cosmic Kingship)'이 실제 통치에 반영되면서 더욱 명확해졌다. 원나라는 이전에는 명목적이고 피상적이었던 책봉과 조공 체제를 적극적으로 개선하여 제국적 질서를 강화했다. 이러한 접근 방식은 제국의 실질적인 힘을 활용하여 주변 사회에 구조화된 질서를 강제하는 데 기반을 두었으며, 명나라(1368~1644) 시대까지 이어졌다. 원나라 이후, 중국은 책봉 및 조공 제도를 적극 추진하여 국경 너머의 지역에 대한 주권을 주장했다. 예를 들어, 청나라(1644~1912)는 동남아시아, 티베트, 중앙아시아에 이르는 권리와 책임을 주장하며 스스로를 세계적으로 정당한 권리를 가진 국가로 여겼다.

중국 제국의 책봉과 조공 체제 아래에서 황제는 인간과 동물, 하늘 아래 모든 존재를 아우르는 광범위한 영토를 통치했다. 인도차이나의 동부 해상 항로와 자바 연안의 북부 항로는 중국 남부 주요 항구와 연결되어 제국 영역 내에서 책봉과 조공 무역을 위한 해상 구역을 구성했다. 마찬가지로, 조선과 일본에 인접한 중국 동쪽 지역도 이 중국 영역의 일부로 간주되었다. 주변 사회는 이러한 국제적 틀을 인정하며, 결과적으로 청나라 시대에 이 주변 지역들은 중국에 조공을 바치는 번속(藩属)이 되었다. 이는 중국의 정치적, 문화적 우위를 대외적으로 확고히 하는 것뿐만 아니라 이들 사회가 무역 혜택과 국제적 인정을 확보할 수 있도록 했다. 이 체제를 통해 중국과 주변 지역은 유학 이데올로기와 문화를 상호 교류하게 되었다.

『표주록』은 17세기 부산과 울산에 살던 이지항(李志恒, 1647~?)과 김한남(金漢男, ?~?) 등 8명이 일본 북해도에 표착한 뒤, 1년여 동안 일본을 거쳐 다시 조선으로 돌아오는 여정을 기록한 책이다. 이 기록은 부산의 지방 선비인 이지항과 일본 지방 송전번(松前藩)의 엘리트가 동아시아 근세 세계화의 공통 문화에 포함되어 있었음을 보여준다. 동아시아 근세 세계화에서 앞서 말한 광대한 왕권 이데올로기와 함께 고전 문자 전통의 교류가 있었다. 이 고전 문자 전통의 교류는 곧 하나의 문자 문화가 동아시아 내 다른 사회들에서 문명화된 문자언어로 자리매김하게 만들었다. 이것은 각 사회가 같은 언어를 사용하지 않았고, 독자적 문화를 가지고 있었음에도 공통된 문자 문화를 가지게 된 이유였다.

이지항의 『표주록』에서 나타난 많은 모습은 당시 동아시아 근세 세계화에서 고전 문자 문화의 전통으로서의 한자 문화를 잘 보여주고 있다. 동아시아 각 사회의 엘리트들은 그들만의 공통의 용어와 공통의 기준을 가지고 있었으며, 그 사회들은 공통의 예술적 패턴 또한 공유하고 있었다. 공통의 예술적 패턴은 가장 흔하게 드러나는 고전 문자 문화의 전통이다. 이지항의 일본 여행에 관한 기록은 그의 『표주록』에 자세히 기록되어 있다. 일본에 도착한 이지항은 송전번의 엘리트들과 특히 시서(詩書) 교류를 통해 공통점을 발견했다. 송전번의 태수는 이지항과 시와 그림에 대한 관심을 공유하며 서로 시를 주고받으며 교류했다. 송전번의 태수는 시를 짓는 것과 회화를 좋아해서 이지항이 지은 시를 차운(次韻)하여 보냈다. 서류라는 송전번의 중도 이지항에게 자주 시를 지어 보내며 교류하였다.

　이러한 공통 문화는 문자 문화뿐만 아니라 특정 물품을 소비하는 문화에서도 동질성을 나타나게 하였다. 이지항과 그 일행이 떠날 때, 송전번은 검은색 명주, 푸른 명주 2단, 백포 2단, 옥색 명주로 만든 요 1부, 풀솜 5편, 독수리 날개 1미, 황금 2전과 다양한 음식 등을 선물로 주었다. 이지항은 검은 비단이 고국에서 선호되지 않음을 언급하며, 이를 돌려주고 싶다는 의사를 밝혔다. 그러나 금과 독수리 깃털은 이지항이 특별히 요청한 항목이었다. 당시 동아시아 사회에서 화살, 모자, 왕관, 군기를 장식하는 데 사용되는 독수리 깃털은 귀하고 값비쌌다. 특히 조선의 독수리 깃은 그 품질이 좋아, 일반적으로 중국에 조공으로 바쳐지곤 했다. 마찬가지로, 중국인들이 매 깃털을 소중히 여겼던 것과 같이, 이지항은 독수리 깃털의 독특한 특성 때문에 일본의 독수리 깃털을 찾았다.

　근세 세계화의 맥락에서 이웃 동아시아 사회와 교류가 부족했던 사회는 공통의 문자 전통에 참여하지 못했다. 이러한 사회는 동아시아의 문자 전통을 수용한 엘리트 집단에 의해 종종 배제되고 야만적인 것으로 분류되었다. 일본의 문자 엘리트들이 아이누 인들을 묘사하는 방식에서 그 예를 찾아볼 수 있다. 문자 체계가 없는 아이누 인들은 송전번과 같은 다른 맥락에서 이지항이 일본 엘리트들과 발견한 것과 같은 문화적 통일성을 공유할 수 없었다. 이는 이지항이 한자를 사용해 언어 차이를 좁힐 수 있었던 문자 전통을 공유한 일본인들과의 교류와는 극명한 대조를 이룬다.

아이누 부부*

4. 결론

조선의 역사를 관통하는 근세와 근대 세계화의 흐름을 살펴보면, 조선이 결코 완전히 은둔한 나라가 아니었다는 것을 알 수

---

* Johnston, Harry and Hutchinson, H. N., *The living races of mankind* Vol 1 (London, Hutchinson & co) 1902, 153.

있다. 중국 및 일본과의 무역을 통해 간접적으로나마 근대 세계화의 영향을 받았으며, 이러한 교류는 조선의 문화적, 경제적 발전에 중요한 역할을 했다. 또한, 국제적인 상호작용을 통해 조선은 자신만의 독특한 글로벌 정체성을 형성해 나갔다. 이 과정에서 부산은 특유의 무역 및 문화 해양사를 발전시켰다. 초량 왜관에는 일본 선박이 끊임없이 드나들었고, 19세기 초에는 유럽에서 시작된 근대 세계화와 중국 및 일본 상인을 통해 간접적으로 연결되었다. 이런 부산 특유의 세계화와의 연결은, 이지항의 표류기에서 잘 나타난다. 문자 전통과 소비 문화를 공유하는 일본의 엘리트와의 교류를 통해 부산의 엘리트와 송전번의 엘리트들이 가진 문화적 동질감이 드러나는 것이다. 그러나 문자 전통이 없는 아이누 인들과의 교류에서는 이러한 동질감을 형성하는 데 한계가 있었다.

이렇듯 조선과 부산은 동아시아의 해양사와 근대화의 맥락에서 중요한 위치를 차지했으며, 다양한 국제적 영향을 받으며 해외와의 상호작용을 통해 성장했다고 볼 수 있다. 이는 조선과 부산이 글로벌 역사의 한 부분으로서 자신만의 역할을 하며, 다양한 문화와 기술, 사상이 교류하는 복합적인 세계의 일원이었다는 것을 잘 보여준다.

신상원

02
부산의 계단과 축대

계단이 많은 도시

사십계단 층층대에 앉아 우는 나그네/ 울지 말고 속 시원히 말 좀 하세요/ 피난살이 처량스레 동정하는 판잣집에/ 경상도 아가씨가 애처로워 묻는구나(〈경상도 아가씨〉, 1951년, 손로원 작사, 이재호 작곡, 박재홍 노래)

이 노래말은 부산에 있던 미도파레코드가 1951년 발표한 〈경상도 아가씨〉의 1절이다. 고향을 떠난 이북 피란민들의 낯선 부산 정착을 응원하고, 고향 잃은 피란민들에게 위로가 되는 노래였다. 40계단은 2절, 3절 노랫말에 등장하는 국제시장, 영도대교와 함께 한국전쟁 당시 부산의 대표적인 공간이었다. 40계단은 복병산 위의 대청동 영주동 사람들이 오르내리는 통로였다. 일자리를 구하는 피란민들의 생활공간이기도 했다. 한국전쟁 당시 40계단을 촬영한 사진에서는 아이를 등에 업고 물동이를 이고 아슬아슬하게 계단을 내려오는 여인의 삶을 짐작할 수도 있다.

하지만 지금 우리가 찾아가는 40계단은 한국전쟁 당시의 위치가 아니었다. "구 40계단에 가까운 자리에는 35계단이 생기고 그보다 남쪽에 또 하나 50계단이 곧 완성된다. 이 두 계단은 대청동·영주동 산허리의 주택지와 부산역 중앙동의 번화가를 간편하게 오르내리게 하는 부동의 에스카레터"*가 되었다는 당시 기사가 있다. 원래 40계단은 1953년 11월 30일 발생한 부산역전 대화재로 붕괴되었다. 그러면 '구 40계단'은 언제 만들어졌을까.

1902년부터 1908년 사이에 진행된 북항매축에 필요한 토사를 대청로와 복병산을 절개하여 공수했다. 그리고 초량과 용두산공원 방면의 일본거류지를 도로망으로 연결하고, 경부선 철로를 유인하기 위해 영선산 착평공사가 진행되었다. 40계단은 복병산과 영선산을 절개하면서 급경사가 생기고 대청동·영주동 등 산동네와 부산역·부두를 이용하는 사람들의 통행을 위해 만들어졌다. 근대 초기 부산의 계단은 야산을 깎으면서 가팔라진 지형의 위아래를 연결하기 위한 교통로였다. 동광동, 영주동 일대 계단은 이렇게 만들어졌다.

원래 야산의 통행로는 지형적인 조건에 따른 '산길'이다. 하지만 계단은 주어진 지형적인 조건보다는 인위적으로 시공간을 효

---

* 『부산일보』 1956년 3월 16일.

율적으로 활용하기 위해 만들어졌다. 축대는 계단과 함께 만들어진다. 자연지형에 축대를 쌓기도 하지만 계단이 만들어지는 가파른 지형을 효율적으로 활용하고 안전을 위해 축대가 만들어진다. 따라서 계단과 축대는 인공 시설이라 할 수 있다.

  부산에는 초량이바구길 168계단, 좌천동 190계단, 범천동 호천마을 180계단, 감천문화마을 148계단 등 곳곳에 적지 않은 계단이 있다. 그런데 부산의 계단은 아랫마을과 윗마을을 연결해 주는 수백 개의 계단만이 존재하는 것은 아니다. 마을 내에서 아랫집 윗집 사이를 연결하는 계단도 있고, 심지어 계단이 없으면 집의 기능을 할 수 없는 경우도 허다하다.

초량동 168계단
ⓒ차철욱

호천마을 180계단
좌천동 190계단
ⓒ차철욱

오늘날 산동네를 돌아다니다 보면 다양한 계단을 만난다. 사람이 어떻게 다니고 물건을 어떻게 옮겼을까 의아한 계단도 다수 확인된다. 산동네 집들이 불법으로 지어지는 경우가 많아 빈 땅만 있으면 서둘러 집을 짓고, 사람이 다니는 계단은 뒤에 만들다 보니 거의 수직의 계단이 만들어지기도 한다. 계단의 재료는 흙, 돌, 시멘트, 철 등으로 다양하다. 그냥 흙으로 된 계단이 있는가 하면 흙 위에 시멘트를 대충 발라서 겨우 미끄럼을 방지하려는 계단도 있다. 주어진 상황을 최대한 활용한 계단도 적지 않다. 산동네에 집을 짓고 살았던 사람들에게 계단은 생활 여건에 어울리게 만들어졌다.

그런데 언론에 등장하는 계단은 항상 사건 사고와 연계되었다. '실족사' '추락사' 등이 포함된 기사 제목이 적잖게 확인된다. 겨울철 첫 얼음이 얼 때면 계단 얼음 제거 또한 신문 기삿거리였다. 기사만 보면 계단은 위험한 시설이었다. 축대 또한 마찬가지였다. 특히 해빙기나 장마철에는 축대 붕괴사고가 빈번했고, 많은 인명 피해도 뒤따랐다.

> 경남 경찰국에 들어온 보고에 의하면 지난(1953년 6월-필자) 4일 밤부터 이튿날 새벽까지 쉴새 없이 퍼붓기 시작한 폭우로 말미암아 시내 아미동 2가 233번지 지전(일본인 공동묘지 뒷편)에 자리잡은 피난민수용소 뒤담이 무너져 내리밀어 김창선(57)씨는 압사당하였고 그 밖에 이상순(30=여) 조명애(43=여) 김정실(23=여) 등 4명이 중상을 입고 방금 영도 보건병원에 입원 가료 중에 있다 그리고 그 밖에 시내 각처에서 벽담이

무너져 물적 피해는 적지 않을 것으로 보이고 있으며...*

한국전쟁 당시 피란민과 유랑민이 들어와 살던 아미동 일본인 공동묘지에서 발생한 피해다. 공동묘지는 조성 당시부터 가파른 지형을 활용해 축대를 쌓은 테라스형이었고, 한국전쟁을 계기로 모여든 이주민들은 제대로 된 토목공사도 하지 않고 생활하였다. 이처럼 산동네 축대 붕괴사고는 자연적 조건이 변화하지 않는 한 계속되었고, 요즘에도 발생한다.

축대는 삶의 질을 나쁘게 만들었다. 축대 위 주택의 전방은 햇빛을 골고루 받을 수 있고 전망 또한 좋았지만, 후면은 뒷집 축대와 맞닿아 항상 습기와 어둠이 존재했다. 특히 음식이 습기에 부패해 생활난에 허덕이는 산동네 사람들의 기분을 상하게 하는 일이 많았다.** 근대의 다양한 역사적 과정을 거치면서 만들어진 산동네 마을과 이에 따른 계단, 축대는 위험의 상징이었다.

산동네에 모인 사람들

부산이 오늘날과 같은 거대도시가 되는 과정에는 몇 가지 주요한 사건들이 영향을 끼쳤다. 개항=개항장, 식민지=근대식민도시, 해방·한국전쟁=피란수도, 고도성장기=공업도시라는 정체성의

---

* 『부산일보』 1953.06.07.
** 『부산일보』 1982.06.23.

『부산부를 중심으로 한 명소 교통도회』(1929, 부분) ⓒ부경근대사료연구소

변화와 관련이 깊다. 개항 후 부산으로 모여든 일본인들은 개항의 주요 목적인 무역만이 아니라 땅 투기에도 많은 관심을 가졌다. 전관거류지가 부족하자 점차 주변의 조선인 근거지까지 영역을 확대했다. 한편 식민지시대 부산에는 토목공사, 공업화, 일본 도항 등 다양한 이유로 부산 인근 지역의 조선인들이 모였다. 경제적인 불균등이 거주공간을 결정하였다. 땅값이 비싼 평지에는 주로 일본인이, 값싼 비탈진 산 위에는 조선인이나 빈민이 거주하였다. 항만매축이나 시가지계획에 의한 도로확장 등 도시개발은 조선인들을 주변으로 밀어냈다. 부산 땅을 매입한 일본인 자산가들은 차가료(借家料)나 차지료(借地料)를 인상해 이를 감당할 수 없는 조선인들을 산으로 올려 보냈다. 조선인들은 영주정 산리, 초량정, 곡정, 대신정, 목도, 부산진 방면의 산록과 산기슭에 모여 움집을 짓고 살았다.* 1929년 제작된 『부산부를 중심으로

---

* 『조선일보』 1938.1.23(조간4); 『동아일보』 1938.1.26(7)6.

한 명소 교통도회』는 도심 사이를 관통하는 붉은 실선으로 표현된 전차선로 주변으로 구획 정리된 공간에는 일본인이 살고, 영주동, 초량동, 수정동, 좌천동 산록 주변에는 조선인이 살고 있었던 흔적을 잘 보여준다.

이런 산동네는 통행로가 꼬불꼬불하고, 비만 오면 진흙투성이였다. 오폐수 처리를 제대로 못해 위생 문제가 심각했다. 상하수도시설이나 교육시설 등 사회 기반시설이 없었다. 위생시설이 없어 전염병에 무방비였다. 산동네 사람들은 전염병만 발생하면 전염병 전파자로 감시당했다.*

해방과 한국전쟁을 거치면서 부산은 엄청난 변화를 겪는다. 1945년 해방으로 조선과 부산에서 살던 일본인들은 돌아가고, 일제강점기 해외로 나갔던 귀환동포들이 입국했다. 귀환동포 대부분은 일본으로 일자리를 찾아 떠났거나 일제 말에는 강제로 고국을 떠났던 자들이었다. 1947년 초까지 약 200만 명이 입국하였고, 이 가운데 약 70%가 부산항으로 귀국했다. 전쟁 말기 일본에서 전쟁공포를 경험한 조선인들은 혹시라도 모를 일본인의 박해를 피해 서둘러 조선에 가까운 야마구치나 규슈 지역에 모였다. 하지만 이들의 귀국길은 쉽지 않았다. 힘들게 부산항에 도착했으나 연고지를 찾아 떠나는 것도 어려웠다. 부산항에는 20만 명 전후의 귀환동포들이 정착했다. 이들이 일본에서 귀국할 때 가져온 일본화폐는 조선화폐로 교환하는 데 제한이 많았고, 일본에서 챙겨온 화물은 통제를 받아 경제적으로 곤란한 상황에 직면했다.

* 『동아일보』 1934.3.31.(5)6; 1934.4.1.(5)7; 1938.7.28.(7)1.

게다가 1946년 초 미곡 부족과 콜레라 유행은 이들의 삶을 위태롭게 만들었다.

부산에 정착한 귀환동포에게 시급한 것은 주거공간이었다. 행정당국이 제공하는 수용소는 대부분 창고여서 생활환경에 적합하지 못했다. 수용소에 들어가지 못한 자들은 스스로 살 집을 마련해야 했다. 시내 공터에 노숙을 하거나 산으로 올라가 보금자리를 마련하기도 했다.

범일동 중턱에 위치한 귀환동포 수용소 터 ⓒ차철욱

1950년 한국전쟁으로 고향에서 강제로 추방당한 피란민들은 그나마 전장터가 아니고 구호물자라도 확보할 수 있는 부산에 정착했다. 특히 1950년 중공군 개입 이후 갑작스럽게 내려온 북한 피란민은 이산과 피란의 고통을 경험했다. 피란민 수용시설 부족으로 인한 무허가 판잣집의 난립, 이로 인한 화재의 위험이나 위생문제, 전염병 유행 등 재난과 이를 빌미로 한 국가의 감시와 통제가 피란민의 부산정착을 어렵게 했다. 게다가 생계에 필요한 일자리도 부족했다. 전쟁은 피란민을 불안정하고 절박한 상황으로 내몰았다. 피란민들은 살 곳을 마련하기 위해 빈 터만 있으면 판잣집을 짓고, 미군부대 유출 물자나 밀수품을 팔아 생계를 이어야 했다. 모두 불법인줄 알았지만 이 방법 외에는 길이 없었다.

　인구 40만 명에 맞춰졌던 식민지시대 도시기반시설은 1955년을 지나면서 100만 명을 넘어서는 부산 인구를 감당할 수 없었다. 부족한 주거공간 해결을 위해 피란민들은 도심은 말할 것도 없고, 주변 야산에 불법 판잣집을 만들었다. 문제는 화재와 위생 등의 위험이었다. 국가는 무허가 건물이라는 명분으로 판잣집 철거에 나서 충돌을 빚었다. 1953년 1월 국제시장 대화재와 11월 부산역전 대화재는 소위 '불량주택'이라 불리는 무허가 판잣집을 제거하는 출발이었다. 국가는 후생주택(1954~1959년), 국민주택(1957~1963년), 시영주택(1962년부터) 등을 제공하여 과밀해진 도심지 인구를 외부로 밀어내고, 무허가 판잣집을 정비하기 시작했으나,* 큰 효과는 없었다.

　전쟁이 끝나고 복구가 진행되고, 1961년 5.16 군사쿠데타 이후 경제개발계획에 편승한 산업화 시기에 부산 인구는 급증했다.

---

* 1950년대 원도심에 모였던 사람들은 후생주택사업으로 양정, 청학동에, 국민주택사업으로 당감동, 동광동, 청학동, 구포동 등에, 난민주택사업으로 대연동, 청학동, 전포동, 가야동, 동삼동, 연산동, 봉래동 등에 각각 이주하였다(부산광역시, 『부산광역시도시계획사』, 2004, 159쪽).

부산시는 1963년 직할시로 승격했다. 이 시대 부산은 섬유, 고무, 합판 등 한국을 대표하는 공업도시로 성장했고, 노동력의 수요가 늘어나 부산으로 모이는 인구는 급증했다. 부산은 1972년 200만 명, 1973년 300만 명의 도시로 부피 성장했다. 농촌에서 모여든 여성노동자들은 경제활동의 기회를 얻었지만 노동현장에서의 차별과 착취를 감내해야 했다. 그렇지만 전통적인 가족질서에서 벗어날 수 있는 기회를 얻을 수도 있었다. 이 시대 도시노동자는 시골의 부모를 위해 논밭을 사 주기도 하고, 동생들 학비를 보태기도 하였지만, 자기 자신의 역량을 갖추는 데도 투자했다.

해방 후 귀환동포, 한국전쟁 피란민, 유랑민, 근대화시기 도시노동자 등 인구가 증가하면서 판잣집으로 덮인 산동네 마을이 완성되었다.

계단식 주택의 탄생

1960, 70년대 부산의 인구가 급격히 증가하면서 산동네는 물론이고 도심 곳곳은 '불량주택'으로 불려진 판잣집으로 뒤덮였다. 주택은 부족하고 집값은 나날이 상승했다. 부산시는 1963년 직할시 승격 이후 도시계획을 좀 더 구체화하여 도시공간을 주거지역, 상업지역, 공업지역 등으로 재설정하였다. 주거공간과 주택문제는 판잣집을 철거하고 주민들을 외곽지역으로 이주시키는 방법을 사용했다.

먼저 실행된 방법이 산동네 재개발과 아파트 건립이다. 부산시는 1967년 〈주택건립 15개년 계획〉을 세우고 독립주택, 공영 및 시영아파트 건립을 추진했다. 영주동 시영아파트가 시범사업으로 진행되었다. 부산시는 1968년 영주2동 백암산 일대를 고지대 시범지구로 개발하여 5만 4천여 평에 아파트 47동을 세워 1천 5백여 세대를 수용할 계획을 세웠다.* 이후 수정아파트, 좌천아파트, 보수아파트 건설로 이어졌다. 물론 철거민들의 저항도 거셌다.

아파트 건설은 기존 판잣집을 강제로 철거하고 진행되었다. 이때부터 산동네와 시내 재개발지역 철거민들은 부산의 외곽으로 집단이주 당했다. 영주동 산동네 철거민은 금정구 서동(1968년), 수정동 산동네 철거민은 반송1동(1969년), 구덕수원지 붕괴로 인한 이재민은 반여2동(1972년), 부산역 철로 인근 철거민은 반송2동(1969년), 수정동과 조방 인근 철거민은 반송3동(1969년), 좌천동 고지대 철거민(1973년), 영주동 고지대 철거민(1974년), 초량동 고지대 철거민(1975년)은 반여동으로 각각 이주했다.

하지만 주택난을 해결하기 위해 진행된 아파트 건설은 매각 부진에 빠졌다. 당시 언론은 시민들이 공동주택보다는 독립가옥 생활에 익숙해져 있는 생활 습관 때문이라고 해설했다. 그리고 입주민들의 경제적 부담도 문제가 되었다. 자연히 소규모 서민주택 건설을 양성하자는 여론이 조성되었다. 재개발의 목표를 아파트 건설에만 둔다면 오히려 무허가 불량주택을 양성하게 된다는 논리가 설득력을 가졌다.

부산시는 1973년 〈주택개량사업 임시조치법〉으로 판잣집을 헌

---

* 『부산일보』 1968.01.18.

지 개량하는 정책을 제시했다. 보수동, 동대신동, 좌천동, 범일동, 범천동, 수정동 등 10개 지구에 새마을 사업의 형식으로 주민들이 민간조합을 구성해 주택을 개량토록 했다. 물론 이 제도 또한 주민들의 자금 부담을 전제로 했다는 점에서 한계는 있었다. 주택개량사업은 대대적으로 진행되었고, 심지어 시민들이 성금을 모아 민간조합을 지원하는 감동적인(?) 사례도 등장했다.*

오늘날 우리가 산복도로에서 만나게 되는 슬라브 지붕의 건물은 1970년대 초 기존 판잣집을 대체하는 주택개량사업으로 진행된 것이다. 산동네에 신축하는 단독주택의 장점을 부산의 대표적인 도시계획 연구자였던 서의택 교수의 칼럼에서 인용해 본다.

> 산복의 남 경사지를 이용하여 주거지로 개발하면 평지에서 보다 개발 경비가 많이 들긴 하나 평지보다 훨씬 유리한 이용도를 가질 수 있다. 경사로 인해 앞뒤 건물의 간격을 단축해서 토지의 절감을 기하면서도 주거 밀도를 높일 수 있고, 각 건물마다 태양을 충분히 받을 수 있는 이점을 가진다.**

서의택 교수의 주장은 경사로를 이용하면 대규모 토목공사를 하지 않고 산의 지형을 이용해 축대를 쌓아 건축하면 제한된 부지를 효율적으로 이용할 수 있고, 무엇보다 일조권 문제로 이웃과 분쟁이 발생하지 않을 수 있다고 평가했다. 이외에도 계단식

---

* 『국제신보』 1973.09.19.
** 『국제신문』 1978.03.24.

주택의 장점이 다양하게 제시되었다. 계단식 주택은 앞집의 지붕이 뒷집의 마당이 될 수 있으므로 독립가옥과 같은 분위기를 맛볼 수가 있고, 옥상 정원의 활용이라는 점은 마당을 가지고 싶어 하고, 동시에 이웃과 적당히 분리되고 싶어 하는 시민들의 욕망을 실현할 수 있다는 장점이 강조되었다. 오늘날 산동네에서 옥상 주차장이나 정원을 만날 수 있는 이유는 여기에 있다. 그리고 도시계획의 입장에서는 도시 미관상으로도 유익한 점이 많다고 평가되었다.

부산의 산동네 계단식 주택이 가능했던 주요한 제도 하나를 소개할 필요가 있다. 부산시는 1971년 산복도로 아래 건축물의 높이 제한을 실시했다.*

- 건물의 높이는 전면 관망의 시야를 가리지 않도록 산복도로보다 높아서는 안 됨.
- 건축선은 도로 밑면의 국공유지로부터 1.5m 후퇴하여 건축.
- 배수시설은 건축물, 옹벽, 석축 등에 노출되어서는 안 됨.

이상에서 살펴본 1970년대 초반 산동네 주택개량사업과 산복도로변 고도제한은 오늘날 산동네 경관의 기초가 되었다. 기존의 판잣집은 규모가 그다지 크지 못했기 때문에 자연지형을 그대로 활용했으나, 1970년대 벽돌 슬라브 건물을 짓게 되면서 규모와 하중에 견딜 수 있는 축대를 함께 만들어야 했다. 축대의 조성은

---

* 『국제신보』 1971.08.02.

ⓒ차철욱

건축물의 안전도에도 중요했지만, 집주인의 입장에서 한 평의 마당이라도 더 넓힐 수 있는 방법이었다.

산동네를 기록하는 두 작가

2011년부터 10년간에 걸쳐 추진된 '산복도로 르네상스 사업'은 부산의 산동네와 그곳에서 사는 사람들을 문화자산으로 하여 침체되어 가는 부산 원도심에 생명력을 불어넣으려는 재생사업을 지향하였다. 사업 과정에서 산동네는 부산만의 독특한 풍경이라는 점이 강조되고, 부산의 창조적 공간, 상징적 공간 등으로 이름 붙여졌다. 이 사업의 결과에 대한 평가는 다양하지만, 부산 시민이나 연구자, 문화인을 비롯해 외부에서 부산을 찾는 관광객까지 산동네에 관심을 가지게 된 것은 분명했다. 이 가운데 산동네를 예술가 시선으로 기록하려는 두 사진작가의 작업을 간략히 소개한다. 지난 10여 년 동안 산동네는 사잔작가에게 기록의 대상이었다.

윤창수 작가는 경남 하동 출신이다. 그는 수정아파트에서 20대를 보냈다. 그 후 이곳을 떠났다가 20년이 지나 사진작가로 변신해 수정아파트에 작업실을 두고 지금까지 산복도로를 기록하고 있다. 그의 작업은 산복도로 마을을 만들어 온 주민들에 대한 관심이고, 젊은 시절 부모님과의 기억이다. 작품 〈수정아파트〉(2012~2015년)의 대표적인 소재는 '밥상'이었다. 윤 작가가 마주한 밥상에는 수정아파트 주민들의 일상과 윤 작가-지역주민들의 관계가 반영되어 있다. 윤 작가는 오늘날 과잉소비되고 있는 주거문화 속에서 오히려 소외되는 인간의 위치를 되돌려 놓으려고 한다.

윤 작가의 부산 사람들에 대한 관심은 작품 〈주인공프로젝트〉(2015~)로 이어진다. 그는 산동네 사람들을 '옛' 부산에 생기를 불어넣었던 일상 속 주인공 즉 스타(STAR)로 위치 지운다. 지금은 중심에서 밀려난 공간에서 살아가는 사람들은 부산의 고도성장기를 이끈 주인공이라는 의식이 깔려 있다. 그래서 윤 작가

윤창수 〈수정아파트〉 중에서
윤창수 〈주인공 프로젝트〉 중에서

는 만나는 사람 한 명 한 명을 정면에서 촬영한 후, 주변부는 잘라내고 여러 사람을 하나의 장면으로 이어 붙이는 기법으로 한 명의 영웅보다는 다양한 주인공을 탄생시켰다.

계속해서 윤 작가가 주목한 산동네의 특징은 비탈진 경사지를 연결하는 축대와 계단이다. 그는 축대와 계단을 산동네의 기초라고 생각한다. 레고처럼 조립된 축대의 돌멩이 하나하나, 계단 한 층 한 층 또한 산동네 사람들의 삶을 표현할 수 있는 대상으로 본다. 윤 작가는 작품 〈산복산복산복〉(2022~)에서 앞선 작품 〈주인공 프로젝트〉와 동일한 촬영과 이어 붙이기 기법을 이용해 '모든 개체는 동등하다'는 생각을 표현했다.

윤창수 작가에게 산동네는 역사의 격동기에 부산으로 이주해 와서 정착한 절박한 이주민들의 공간이면서, 이들이 부산을 만들어간 주인공으로서의 삶을 실천한 공간이다.

이계영 작가는 부산 출신이다. '부산을 기록하다'라는 프로젝트를 수년간 지속하고 있다. 이계영 작가는 낯선 공간에 관심을 가진다. 특히 자본과 권력이 시민들의 일상적 생활공간을 낯설게 만드는 양상에 주목한다.

작품 〈익숙한 풍경〉(2019~2022)은 관광 자본이 부산 사람들의 일상이 배어 있는 공간, 즉 감천문화마을, 원도심 등에서 오랫동안 살아온 사람들의 권리를 무시하고 상품화해 버린 현장을 기록한다. 감천문화마을은 종교마을로 탄생했으나 수십 년 동안에 걸친 마을 사람들의 경험을 잘 확인할 수 있는 공간이다. 그런데 2010년을 전후해 다양한 문화사업이 진행되면서, 마을은 주민보다는 관광객의 소비욕망을 총족시키는 방향으로 변화했다. 마

윤창수
〈산복산복산복〉
중에서

을 이름도 '태극도마을'에서 '감천문화마을'로 변경되었다. 작가는 이 마을 사람들의 삶과 괴리된 볼거리나 먹거리 앞에서 인증샷을 찍는 관광객들의 소비패턴에 셔터를 누른다. 이계영 작가는 자본에 의해 소비되는 공간을 표현하기 위해 스트로브를 사용하여 빛이 닿는 밝은 대상(현재)과 반대로 빛이 닿지 않는 어두운 공간(과거)을 분리한다. 마을 사람들의 삶이 축적된 과거와 단절된 관광객의 소비패턴만이 활개 치는 현재 공간의 성격을 보여주기 위한 기법이다.

작가의 시선 즉 도시가 지닌 인간과 자본의 욕망은 작품 〈도시기호학〉(2021)에서 더 선명하게 드러난다. 과거와 현재의 다양한 시간성을 지닌 중첩된 건축물에서 도시구조의 변화를 읽는다. 작가는 산동네의 역사와 변화를 보여주는 주택의 지붕, 계단, 벽면

이계영 〈익숙한 풍경〉 중에서

등과 이들 앞에 낯설게 등장하는 고층 빌딩의 관계 속에서 자본이 부산을 만들어 온 주인공들을 어떻게 소외 혹은 변화시키는지를 표현한다. 이를 위해 작가는 필름 카메라를 이용하여 현대도시에서 보이는 형광성을 줄이고 저채도의 색상으로 산동네 건축물의 역사와 변화를 표현했다.

산복도로와 산동네를 보는 두 작가의 시선은 얼핏 상반되어 보인다. 아니다. 두 작가는 부산을 만들어 온 사람들의 삶과 시간의 가치를 중요시하고 있다. 윤창수 작가가 그 가치에 주목하고 있다면, 이계영 작가는 그 가치를 파괴하는 메커니즘에 주목한다는 차이가 있을 뿐이다.

이계영 〈도시 기호학〉 중에서

'그때' 집과 계단이란...

 오늘날 산동네를 거닐면서 높게 뻗은 계단을 오를 엄두가 나지 않아 고개를 숙이고 발끝만 보고 한 계단 한 계단 올라본다. '힘들었겠다', '고생했겠다'라고 '그때'를 생각한다. 산동네 이곳저곳을 돌아다니면서 빈 공가를 표시하는 스티커를 보면서 '지금'이 아닌 '그때' 이 집에 살았을 사람들에게 축대나 계단은 어떤 의미였을까.
 '그때'는 치솟는 집값에 입추의 여지없는 공간에 내 보금자리 한 칸 마련하는 것만으로도 행복했던 시절이었다. 1970년대 전반만 해도 부산의 주택보급율은 50%를 겨우 넘겼다. 집 없는 사람들이 거의 절반이었다. 시골에서 도시로 나온 이주민들에게 편안히 누울 내 집 한 칸 마련하는 게 소원이고 삶의 목표였다.
 수년 전 아미동 조사 때 송○○ 할머니를 만났다. 잘 아는 것처럼 아미동 비석마을은 일제강점기 일본인 공동묘지였고, 한국전쟁 때 피란민과 유랑민들이 정착하면서 산[生] 사람들의 아지트가 되었다. 송○○ 할머니는 귀환동포였다. 일본 히로시마(廣島)에 살다가 원자탄 투하로 아버지를 잃고, 온 식구가 귀환했으나 정착지가 없었다. 외가가 있던 경남 의령으로 갔으나 오래 살지 못하고, 김해를 거쳐 한국전쟁 때 아미동에 정착했다. 그녀는 1960년대 초 같은 마을 청년과 결혼했으나 남편은 일찍 돌아가셨다. 혼자서 생계와 아이들 교육을 책임져야 했다.
 아미동 비석마을 사람들은 기존의 판잣집을 1970년대에는 슬레이트집으로, 1980년대 말에는 슬라브집으로 바꾸었다. 땅속 무덤의 흔적을 제거하고, 비좁은 공간을 효율적으로 활용하기 위한 집 짓는 행위는 마을 사람들의 소망이었다. 송○○ 할머니도 남편 없이 아이들을 키우면서 악착같이 돈을 모았다. 보세공장에 다녔는데 월급만으로 집을 지을 수 없었다. 매일 출근 전 시장에서 김밥, 튀김 등 간식거리를 사서 회사로 출근했다. 정문을 통과할 때 중간 간부에게 발각되어 야단을 맞기도 했다. 오후 시간이면 간식거리는 없어서 못 팔 정도였다. 간식 팔아 모은 돈이 월급보다 많았다. 그 돈으로 집을 지었다. 많은 사람들로부터 대단하다는 칭찬을 받았다. 송○○ 할머니에게 집은 주어진 환경을 극복했다는 훈장이었다.

동구 안창마을은 해방 전부터 4~5채의 농가가 있었던 것으로 알려졌지만 본격적으로 마을이 만들어진 것은 1960년대부터다. 1978년 당시 230가구 5백 세대, 2천 5백여 명의 주민이 살았다. 그런데 이 마을의 가옥 전부는 산림청 소유의 국유지에 세워진 무허가 건물이었다.*

마을 아래 공장과 노동자가 많아지면서 안창마을에서 집을 지어 정착하려는 사람들도 늘어났다. 집을 지으려면 평지가 필요했다. 마을로 들어와 처음부터 집을 지을 수 없으니 우선 눈가림용으로 경사진 야산을 평평하게 다져 밭을 만들어 농사를 짓다가 밤에 몰래 집을 지었다. 자연히 집 재료가 완벽할 수 없었고, 다음 날 단속반에 쉽게 헐렸다. 무허가 건물을 짓고 살았던 안창마을 주민들의 집짓기는 전투였다. 마을 주민 누구나 이런 경험을 가

---

* 『국제신문』 1978.07.12.

지고 있다. 이런 생활은 1990년대까지 계속되었다. 안창마을 주민들은 불법이지만 집이 필요했다. 돌아갈 곳 없이 고향을 떠나온 이주민들이 마주한 절박한 상황에서 불법으로 지은 집은 머무는 기능 그 이상의 의미를 지닌다.

낯선 부산에서 마련한 산동네에서 집 한 칸은 위안거리가 되었지만, 고달픈 생활은 항상 함께 했다.

> 푸른 하늘 아래 마냥 그리운 약동이 있어 초가을의 발자국이 가볍기는 하나 물동이 인 여인의 행주치마에 삶의 숨가쁨이 서렸고야…한 계단 두 계단 층층대를 마구 올라 후유 하며 한숨을 실라치면 추석절의 걱정이 감도는 삽작문이 보이기는 하나 그래도 가을은 좋은 것이라서 마음껏 숨쉬어 보는 심호흡에 살아 있는 보람을 느끼기도 한다.*

물동이 이고 계단을 오르내리는 여인들의 생활에서 계단은 고된 생활의 상징이었다. 하지만 '그때' 산동네 사람들에게 경사 급한 계단은 오르내리는 시간을 절약할 수 있는 방법이었다. 해빙기와 장마철에 축대가 무너지고 겨울철에 얼음으로 계단 통행이 불편했으나 이것은 생존에 절박했던 '그때' 산동네 사람들에게는 부차적이었다. 오히려 가파르고 위험한 계단은 산동네 사람들의 이동 시간을 줄여주는 욕망의 통로였다. 산 아래 공장으로 출근하는데 지각해서 월급이 깎이고 상사에게 야단맞지 않으려면 분

---

* 『부산일보』 1955.09.03.

ⓒ차철욱

02 부산의 계단과 축대 53

초를 다투어야 했다. 그래야만 돈을 모아 자식을 가르쳐 성공시킬 수 있었고, 좀 더 나은 집을 짓거나 이사할 수 있었다. 초량 이바구길 168계단에 얽힌 이야기를 소개해 본다.*

부산항에서 일하는 부두 노동자들에게 168계단은 부산항 일터로 가는 출근길이자 지름길이었다. 멀리서 부산항에 배가 들어오는 모습이 보이면 일거리를 얻으려고 단박에 계단을 뛰어 내려가고는 했다. 넘어지고 구르는 일도 다반사였다. 다친 고통이야 참으면 그만이라지만 일자리를 놓칠 걱정과 설움은 오죽했을까.

일거리를 구해야 했던 절박한 산동네 사람들에게 가파른 계단이 지니는 의미를 잘 표현하고 있다. 뿐만 아니라 계단은 양쪽으로 정열한 주택에서 생활하는 사람들의 공동공간이기도 했다. 간식을 나눠먹기도 하고, 남성들에게는 술판이 벌어지는, 여성들에게는 수다의 공간이기도 했다. '그때' 산동네에 만들어진 축대나 계단이 지금 보기에는 불편하고 위험해 보이지만 여기서 생활했던 사람들에게는 절박했던 환경을 극복하는 수단이었다.

차철욱

---

* 부산광역시 동구, 『부산의 부산, 동구 이야기』, 2016, 188쪽.

03
닫힌 항만, 열린 항만

부산항은 오랫동안 '닫힌' 항만이었다. 벽이 높고 문이 좁은 것은 아니지만 일반 시민이 항만을 이용한 것은 유람선과 여객선을 탈 때뿐이었다. 배를 타면 '바다에서 바라보는 육지 풍경'이 눈앞에 펼쳐졌다. 부두와 국제여객터미널, 부산역, 그리고 그 너머의 수정산과 엄광산도 시야에 나타났다. 같은 대상이라도 육지에서 보던 것과는 뭔가 달랐다.

항만이 배타적으로 운영된 것은 '국가 경제' 때문이라고 할 수 있다. 수출에 '올인'할 수밖에 없던 시절에 항만은 사람이 즐기는 공간이 아니었다. 오로지 빠르고 정확한 물류를 지원하기 위한 수출 전진기지 역할에 충실했다. 항만 출입에 대한 통제도 '시민 안전'을 위해서가 아니라 물류 안전을 위해서였다. 걸어서 10분이면 닿을 수 있는 친수 공간에 '항만구역'이란 팻말이 붙는 순간에 많은 것이 금지됐다. 그 속에서 무슨 일이 일어나고 있는지를 궁금해하거나 애써 알려고 하면 은연중에 '불온' 딱지가 붙던 시절도 있었다.

항만 '덕분에' 성장한 부산은, 그 항만 '때문에' 오히려 기형적 도시로 변했다. 항만 기능을 최적화하고 효율화하기 위해서 건설한 도로와 철도 때문에 도시 공간은 오히려 임의로 분할되는 경우가 적지 않았다. 도로는 육중한 컨테이너 트럭 때문에 늘 만신창이가 됐고, 고용과 경제 활성화의 이점에도 불구하고 항만은 교통 불편과 쾌적하지 않은 환경을 시민들에게 강제했다. 그것이 개항 이후 140여 년 동안 부산항에서 일어난 '일상 아닌 일상'이었다. 항만은 결코 가깝고 친근한 공간이 아니었다.

시간은 흘러 변화의 바람이 불었다. 항만구역을 표시한 임의의 장벽은 사라졌고, 슬리퍼를 신고도 찾을 수 있는 북항으로 변했다. 부두에는 층층이 쌓인 컨테이너를 대신해서 붉고 노란 꽃들로 가득한 공원이 조성됐고, 공원을 '낚싯바늘' 모양으로 가로지

1954년 부산항과 주변 시가지 ⓒ부산항북항재개발사업백서사업단

른 수로에는 시민 안전을 위한 조명등이 곳곳에 켜졌다.

열린 항만은 새로운 꿈의 시작이다. 부두 기능이 사라진 부산항은 비록 일부라고 할지라도 우리 삶 속으로 돌아왔고 그것은 지금까지 꿈꾸지 못한 미래의 자양분이 되고 있다.

'항만도시' 부산은 지금, '해양도시'를 꿈꾼다. 항만이 해양도시의 핵심 인프라라는 사실이 쉽게 변하지는 않겠지만, 항만은 더 이상 해양도시의 '전부'가 되지는 않을 것 같다. 부산은 항만도시를 넘어서 해양 경제·문화도시로 나아가야 한다. 해운업과 항만업, 수산업이 전부가 아니라 해양금융업, 해양과학, 해양문화가 활성화하는 도시로 바뀌어야 한다. 이런 기능과 역량을 가진 인재와 자산, 기업, 기관이 넘쳐나는 도시로 만들어야 한다. 그것이 '닫힌 항만' 시대를 종언하고 '열린 항만' 시대를 맞이하는 전환점이 될 것이다.

해수부와 부산시가 손잡은 '북항 통합 개발'은 그래서 환영할 일이고 대한민국 역사에서 '닫힌 항만'을 '열린 항만'으로 바꾸

2005년 11월 부산항 북항 전경 ⓒ부산일보

는 첫 사례로 기록된다. 이에 부산과 부산항이 언제, 어떻게 시작됐고, 그 속에서 도시와 항만의 성장, 쇠퇴, 재생 과정을 톺아본다.

1. 어촌에서 글로벌 항만도시로

부산은 근대 이전까지 정주 공간인 동래가 중심부였다. 부산은 당시 동래부 동평현에 딸린 부산포, 즉 변방의 작은 어촌에 불과했다. 『신증동국여지승람』*에 따르면, "부산(釜山)은 동평현(東平縣)에 있으며, 산이 가마솥 같아서 이렇게 지었다"라고 한다. '변방의 어촌' 부산이 지금 서울 다음으로 큰 대도시가 됐고 세계에서 가장 큰 항구를 가진 글로벌 항만도시로 성장했다.

부산이 지금처럼 대도시로 급성장한, 가장 중요한 계기는 부산포 개항에서 찾을 수 있다. 개항을 통해서 부산은 조선과 일본의 교류 지점으로 활성화되었고, 일본인 이주가 이어지면서 조차와 임대, 매축 등을 통해 규모의 성장을 조금씩 이뤘다. 특히 일본인 전관 거류지가 북항을 중심으로 확대된 뒤 동래부를 능가하는 공공시설, 상공업 시설, 심지어 철도와 항만시설이 갖춰졌고 경부철도와 관부연락선이 개통했다. 부산은 한일 교통의 요충지로 부상

---

* 『신증동국여지승람(新增東國輿地勝覽)』은 조선 성종 때 간행된 지리서 『동국여지승람』을 중종 때 증보하여 새로 간행한 책이다. 부산 지명에 대한 명칭은 '산천조'에서 설명하고 있다.

했고 산업과 상업, 교통, 문화의 중심지로 자리 잡았다.

1914년 시가지는 부(府)로, 농촌은 군(郡)으로 재편성하는 조선총독부의 지방행정 조직 개편에서 일본인 정주지역인 부산포 일대는 '부산부'로 승격했고, 동래를 포함한 기존 중심지가 되레 부산의 주변부인 '동래군'으로 격하했다.* 더 나아가서 경남도청이 1925년 4월 진주에서 부산으로 옮겨 오면서 부산은 명실상부한 경상남도의 중심으로 자리매김했다. 한반도 최대 공업시설인 조선방직도 부산진 매립지에 들어섰다. 부산포는 변방의 어촌에서 한순간에 국제적 항만도시로 성장할 기회를 잡은 것이다.

2. 대한민국 대표 항구 부산항

부산항은 대한민국에서 가장 큰 항구다. 2022년 기준으로, 우리나라 해상 수출입 화물 65%, 컨테이너 화물 76%, 전국 수산물 유통량 34%를 매년 처리하며 세계 150여 개국, 500여 항만과 연결된다. 이는 150여 개 공항과 이어진 인천국제공항을 압도하는, 국내 첫손의 글로벌 네트워크다. 유엔무역개발협의회(UNCTAD)의 연결성 지수 평가에선 부산항이 중국 상하이항, 닝보항, 싱가포르항에 이어서 세계 4위였다.

부산항은 북항에서 남항, 감천항, 다대포항, 부산신항까지, 부산과 경남에 이르는 광범위한 항만 권역을 뜻한다. 그중 가장 먼

---

* 조선총독부 관보(호외) 제령(制令) 제7호, 1913.10.30.

저 개발된 것이 북항으로, 오랫동안 부산항은 곧 북항으로 여겨졌다. 지금은 재개발 사업으로 컨테이너부두 기능을 상당 부분 상실했지만 북항 내 감만부두, 신감만부두, 신선대부두는 여전히 컨테이너부두로 활용되고 있다. 다만, 1~4부두와 중앙부두는 북항 재개발 1단계 사업에 따라 매립 과정을 거쳐서 친수공간으로 전환됐다.

북항 기능을 대체하는 부두로 개발된 신항은 부산항 전체를 대표하는 시그니처로 자리 잡았다. 진해 웅동과 가덕도 상단에 남

부산항 항계도. 부산 수영만에서 경남 진해까지 부산항 항계가 표시돼 있고,
가운데 낙동강을 중심으로 하여 오른쪽에 북항과 남항, 감천항, 다대포항이 위치하고,
왼쪽에 신항이 자리잡고 있다. ⓒ부산항만공사
부두가 사라진 북항의 재개발사업 부지 전경 ⓒ부산항만공사

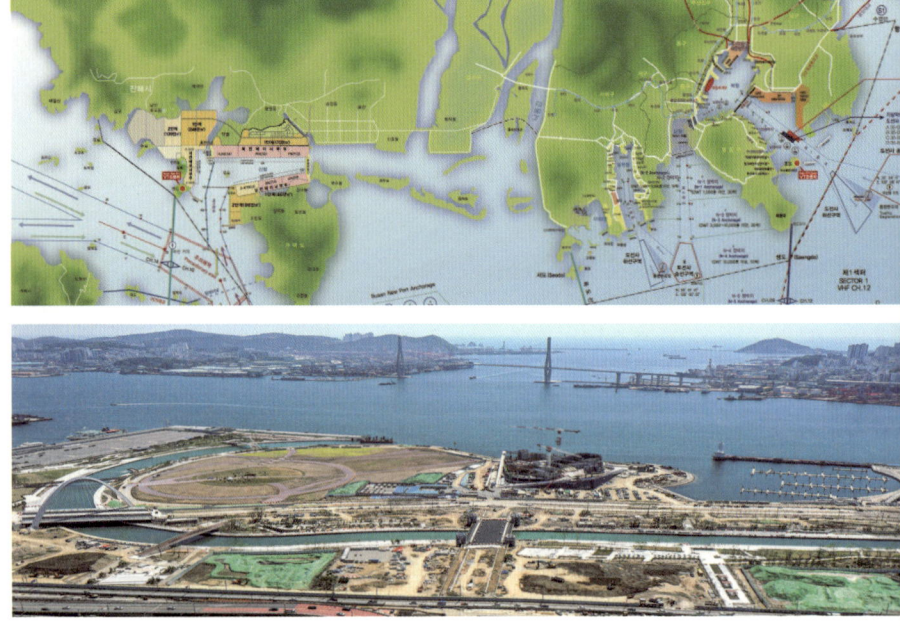

부산진해신항 조감도. 오른쪽의 북측, 남측, 서측 부두는 완공되어 운영되고 있으나 왼쪽의 진해신항은 아직 계획 중. ⓒ부산항건설사무소

작한 물음표 모양으로 조성된 신항은 현재 7개 컨테이너 전용부두, 26개 선석을 자랑한다. 그중 가장 마지막에 개장한 서측 7부두는 무인 스마트 부두로 첨단을 달리고 있다.

신항은 앞으로 더 커질 것이다. 제2신항으로 불리는 '부산항 진해신항' 건설 계획이 2024년 5월 1-1단계 1공구 축조 공사 발주를 계기로 본격화했다. 진해신항까지 계획대로 추진되면 부산항은 2040년 기준으로, 연간 3700만 TEU*의 컨테이너 처리 능력을

---

* TEU는 컨테이너를 세는 단위로, 1TEU는 20피트짜리 컨테이너 1개를 뜻한다.

갖추면서 '세계 3위' 항만의 위상을 되찾을 수 있다.

　남항은 어항으로, 전국 수산물 위판량 30%를 처리하며, 전국 최대 규모의 어시장인 부산공동어시장과 수산물 도매시장인 자갈치시장이 위치하고 있다. 감천항은 사하구 감천만에 자리 잡고 있다. 북항의 보조항으로 개발됐으나 남항의 어업 기능 일부가 넘어오면서 컨테이너항보다 어항 기능이 훨씬 더 커졌다. 부산국제수산물도매시장을 중심으로 원양 혹은 수입 수산물 도매시장, 수산물 가공단지도 이곳에서 함께 운영되고 있다. 러시아 어선을 포함해서 중소형 선박을 수리하는 수리조선단지는 국내 최대 규모다.

　다대포항은 사하구 다대동에 자리 잡은 다목적 부두다. 당초 세계은행 차관을 이용해서 다대포 공단의 목재 공급을 위한 원목 전용부두로 활용할 계획이었으나 주민들과의 갈등이 커지면서 다대포 공단 건설 계획이 철회됐고, 이에 다대포항 건설도 무산됐다. 지금은 감천항처럼 원양 수산물을 처리하는 어항으로 기능하며 주변에 수산물 가공공장과 냉동공장이 즐비하다.

3. 개항 논란

　북항은 부산항의 모태다. 북항을 빼고 부산항을 설명할 수 없고, '북항이 없는' 부산항도 존재하지 않는다. 북항은 부산이 대도시로 성장한, 가장 중요한 원동력이 됐고, 부산의 근·현대사를 함께했다. 북항, 즉 부산항 역사는 '부산포 개항'에서 시작된다.

부산포 개항은 공식적으로 고종 13년, 1876년 2월 26일로 기념하고 있다. 강화도조약* 체결에 따라 부산포는 '강제로' 개항됐는데, 이후 부산항은 일제의 수탈 창구로, 부산항을 품은 부산은 식민도시로 전락했다. 부산항 개항은 말 그대로 근대의 출발이면서, 국권 침탈의 시작점이었다.

그런 이유로, 시민단체들은 이보다 469년을 더 거슬러 올라간 1407년 7월 27일(음력)을 부산항 개항일로 기념하자고 주장한다. 『태종실록』에 따르면 당시 군사시설인 '만호'가 있는 부산포와 내이포에 왜인 기항을 허락해 달라는 경상도 병마절제사의 상소가 있었고, 이를 조선 조정이 받아들이면서 '자주적 개항'이 이뤄졌다고 한다.

1609년을 부산항 개항 연도로 삼아야 한다는 주장도 있다. 그해 '기유조약'을 통해서 조선 조정이 부산포를 일본 선박에 처음 개방했다는 것이다. 기유조약은 광해군 1년에 일본 요청으로 이뤄졌지만, 이를 계기로 임진왜란 이후 단절된 국교가 재개됐고, 이후 양국은 200여 년간 평화 시기를 보냈다. 조약에는 '대마도주의 세견선을 20척으로 한다'는 대목이 나오는데, 그것이 외국

---

* 강화도조약의 공식 명칭은 '조일수호조규(朝日修好條規)'다. 일본 군함 운요호(雲揚號) 사건을 계기로 1876년 2월 27일 체결된 조선과 일본 간의 국제조약이다. 일본은 그러나 후속 조치로 같은 해 8월 24일 '조일수호조규 부록(朝日修好條規附錄)', 1882년 '조일수호조규속약(朝日修好條規續約)'을 통해서 조선 수탈의 근거를 마련했다. 부산항 개항에 대한 항목은 조일수호조규 제5관 '조선은 부산 이외에 두 항구를 20개월 이내에 개항하여 통상해야 한다'에 나온다.

적 선박의 출입을 처음으로 공식화한 것이고 곧 자주적 개항이라는 얘기다.

개항은 사전적으로 '항구를 외국에 개방하다'로 해석된다. 외국 선박이 자국 영토의 일부인 항구에 드나드는 것을 허용한다는 의미다. 그러나 우리 근대사에서 개항이란 단어는 녹록지 않다. 특히 일제 강점과 직결된 개항은 단순한 통상 관계가 아니라 국권 상실이라는 굴종과 치욕의 역사로 치환된다. 이런 역사적 논란은 실제로 인천항 개항 100주년 기념탑 철거와 경주 감포항 100주년 기념사업 중단 등으로 이어졌다. 여수항 개항 100주년도 같은 비판 속에서 겨우 치러졌다. 이 모든 논란의 중심에는 개항을 단지 치욕의 역사로만 보려는 피해 의식이 담겼다. 이에 일각에서는 개항이란 당시 세계적으로 확산한 자본주의 질서 속에 우리 스스로 편입한 것으로, 좋든 싫든 우리 역사에서 중요한 의미를 띠고, 특히 부산이란 도시의 성장과는 밀접한 관계를 가질 수밖에 없는 것이라고 주장한다.

아무튼 수탈과 피란으로 점철된 개항이라고 해도, 부산항은 그 고난의 역사를 딛고 일어서서 지금 세계가 주목하는 항구로, 더 나아가서 유라시아 관문으로 굳건히 자리매김했다. 부산항은 지금 500개 이상의 도시와 연결되는 초연결 물류허브다.

4. 재래부두에서 '컨 부두'로

부산항은 매립의 역사와 궤를 같이한다. 개항 직후인 1898

아르헨티나 해군이 1906년 촬영한 부산항 전경 ⓒ부산항북항재개발사업백서사업단

년, 부산해관 부지 마련을 위해서 처음 시작된 일제강점기의 부산항 매립공사는 북항 제1부두(1912), 제2부두(1919), 제3부두(1941), 제4부두(1943), 중앙부두(1945) 건설로 이어졌다. 조선총독부는 '항만설비공사'와 '항만확충공사'란 미명으로 매립을 주도했고, 일본 민간 자본이 투입된 매축 작업도 허가했다. 부산 동구 범일동과 남구 우암동 부근 바다를 매립한 '부산진 매축 공사'(1913~1939), 영도 조선소 공업단지 구역인 '대풍포 매립공사'(1916~1926), 남항매축공사(1925~1936), 북항매축공사(1928~1931) 등은 조선총독부 허가를 받아서 일본 민간 자본이 추진한 매립공사다. 그 매립지에 각종 부두와 세관, 우체국, 역사, 공장, 가옥 등이 들어섰고, 이들 시설은 대륙 침략과 수탈의 교두보가 됐다.

1945년 해방이 되자 부산항은 일본에서 돌아오는 귀환 동포와 조선을 떠나 일본으로 돌아가려는 일본인들로 북새통을 이뤘다. 1950년 한국전쟁이 일어났을 땐 미군을 포함해서 유엔군이 한반도에 첫발을 딛는 공간이 됐다. 각종 보급물자와 전쟁 장비, 군사들이 부산항을 통해 들어왔다. 부산은 당시 피란 수도로서 대한민국 정치와 경제, 행정의 중심이었다.

휴전과 함께 부산항은 시설 재정비에 들어갔다. 특히 1962년부터 시작된 경제개발 5개년 계획은 부산항을 수출 전진기지로 만들었다. 1970년대 컨테이너 시대가 시작되면서 부산항은 또 다른 변혁을 겪는다. 당시 부산항은 컨테이너 전용 시설이 없어서 국내 수출 화물을 일본 고베항, 오사카항, 홍콩항 등으로 일부러 옮겨야 했다. 시간이 곧 경쟁력이던 무역 시대에 컨테이너 전용부두 건설은 숙명처럼 다가왔다.

부산항 최초의 컨테이너 전용부두인 북항 제5부두는 그런 시대적 요구에 따라 1979년 준공했다. 세계은행(IBRD) 차관을 이용한 부산항 1단계 개발 계획(1974~1978)의 하나였다. 당시 7, 8부두와 국제여객부두, 연안여객부두, 양곡전용부두가 함께 지어졌다. 이전까지 부산항은 일반화물과 곡물, 광물 하역을 노동력에 의존한 재래부두(1~4부두, 중앙부두)로만 운영됐다.

이어진 부산항 2단계 개발 계획(1979~1983)에서는 6부두가 새로 건설됐고 3, 4부두와 중앙부두, 5부두 물양장을 고쳐 썼다. 3단계(1985~1991)에서는 외항 방파제, 신선대부두를 새로 지었고, 4단계(1992~1998)에서는 감만부두를 축조했다. 신감만부두(1995~2002)도 이후 신축됐다. 북항은 컨테이너 전용 선박 21척이 동시에 접안할 수 있는 컨테이너 전용부두 6개를 갖춘 글로벌 항만으로 성장했다. 20피트짜리 컨테이너 화물 500만 개(정확히 486만 TEU)가량을 매년 처리할 수 있는 시설이었다.

부산항은 새로운 세기를 맞은 2000년, 연간 무려 754만 TEU의 컨테이너를 처리하는 기록을 남겼다. 이는 홍콩, 싱가포르 다음으로 많은 세계 3위의 실적이었다. '세계 3위'는 지금까지도 부산항이 기록한 최고 순위다. 당시 부산항은 전국 컨테이너 화물 83%, 해상 물동량 40%, 수산물 40%를 처리하는, 말 그대로 대한민국 대표 항만으로서 위상을 굳혔다. 대한민국은 부산항 '덕분에' 세계 10위권의 무역대국으로 성장하는 발판을 마련했다.

북항 제5, 6부두로 구성된 자성대부두는 그러나 '북항 재개발 2단계 사업'에 포함되면서 2023년 말 항만 기능이 중단됐다. 컨테이너 전용부두로써 대한민국 수출 전진기지 46년의 역사를 마감했다. 자성대부두는 북항 재개발 2단계 구간 중 일부로, 향후 시민을 위한 친수공간, 관광과 휴양시설이 들어설 국제교류 거점으로 탈바꿈할 것이다.

5. 북항의 한계와 투포트 전략

1970년대 국제 물류가 컨테이너화하면서 북항의 한계는 일찍부터 우려됐다. 기존의 1~4부두와 중앙부두가 모두 비컨테이너 부두로 지어진 까닭에 3, 4층씩 쌓이는 컨테이너 화물의 무게를 견딜 수 없었고, 급증하는 수출입 화물 수량도 감당하지 못했다. 정부는 비상 수단으로 '부두밖 컨테이너 장치장'(Off Dock Container Yard, ODCY)을 부산과 서울 인근에 각각 마련했다. 하지만 그 무렵 도시는 자가용 시대를 맞아서 교통량이 크게 늘었고, 특히 도심을 가로지르는 컨테이너 차량 때문에 민원이 폭주했다. 이래저래 북항의 한계는 명확했고 새로운 항만 건설에 대한 욕구는 커졌다.

정부는 1994년 9월 '부산광역권 개발 계획안'이란 제목의 북항 재개발 계획을 발표했다. 핵심 내용은 북항을 대체할 '신항' 개발이었다. 하지만 당시에만 해도 북항을 친수공간으로 완전히 탈바꿈하는 계획은 담기지 않았다. 신항을 짓되 북항도 수출 보조항으로 계속 사용하려 했다. 부산항 항계 내에 있는 여러 항만을 테마별로 운용하는 방안도 있었다. 북항은 수출입 화물 전용항, 감천항은 원양어업기지 및 공해성 화물 전용항, 다대포항은 목재전용항과 마리나항, 남항은 연근해 어업 전용항으로 특성화했다.

그러나 이 계획은 10년가량 표류했다. 그 과정에서 부산항 기능을 일부 대체하는 '투 포트(Two Port)' 정책, 더 나아가 '다(多) 포트' 정책이 나오면서 부산항의 컨테이너 터미널 운용 정책은 큰 혼선을 빚었다. '투 포트 정책'은 부산항과 광양항의 물동량을 임의로 조정하면서 '1국 2항' 체제를 만들겠다는 것이고, 다포트 정책은 부산항, 인천항, 광양항, 평택항 등 국내 주요 컨테이너 전용항을 서로 경쟁시키면서 전체 국제경쟁력을 끌어올리겠다는 발상이었다. 그러나 부산항 물동량을 임의로 다른 항만에 옮기는 과정에서 부산항에 입항할 선박들이 아예 한국을 떠나 중국으로 가는 등 투 포트 정책은 대한민국 항만 행정에서 사실상 실패한 것으로 귀결됐다.

6. 용두사미로 끝난 '해상 신도시' 계획

부산은 지형 특성상 평지가 많지 않아서 시가지 개발에 제약이 많았다. 이런 한계를 극복하기 위해 기획한 것이 바로 '부산항 인공섬 프로젝트'다. 1989년 부산시장 안상영은 영도와 송도 사이의 남외항 수역에 인공섬을 만들어서 부산의 가용 토지를 확장하겠다는 계획을 내놓았다. 무려 188만 평 규모로 상주인구만 4만 명, 유동 인구를 포함하면 거의 30만 명에 육박하는 대규모 해상 신도시 계획이었다. 부산세계박람회 아이디어도 여기서 처음 나왔다. 대규모 해상 인공섬 프로젝트인 만큼 중앙정부를 압박하고 설득하기 위해선 세계적인 이벤트가 필요했던 것이다.

부산시는 해상 신도시 부지를 엑스포 개최에 사용하고, 행사 후에는 주거·공공·상업·항만시설로 다양하게 활용하겠다는 계획을 세웠다. 그러나 환경과 예산 논란, 법적 지원이 제대로 이뤄지지 않는 상황에서 인공섬 프로젝트는 동력을 잃었고 5년이 채 지나지 않은 1994년 시장 교체와 함께 사업은 백지화했다.

7. 부산신항 개발

북항의 한계는 신항 건설로 이어졌다. 신항*은 1995년 3월 민자유치 대상 사업에 선정되면서 가시화했고 1997년 10월 착공했

---

* 공식 명칭은 '부산항 신항'.

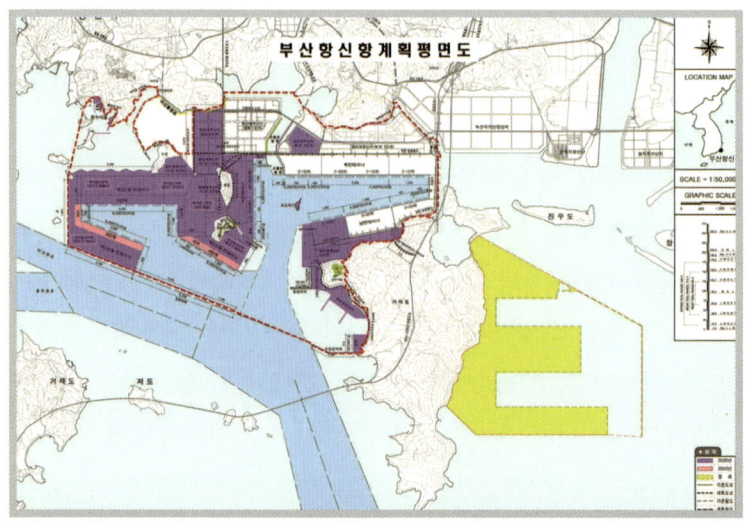

부산항 신항 계획 평면도. 흰색 부두와 보라색 중 남측, 서측 부두는 이미 완공됐으나 나머지 보라색 부두는 계획 중인 상태. 특히 오른쪽 아래의 가덕도 왼쪽에 노랗게 그려진 부두는 진해신항 이후 검토될 수 있는 항만 건설 계획. 그러나 지금은 가덕도의 잘록한 부분에 가덕신공항이 들어설 계획이라서 미래 그림은 또 달라질 수 있다.
ⓒ부산항건설사무소

다. 그리고 거의 10년 만인 2006년 북측 컨테이너부두 3개 선석(부산신항국제터미널) 개장과 함께 부산신항 시대를 열었다.

신항은 현재 2만 TEU급 선박이 접안할 수 있는 26개 선석과 최첨단 하역 장비를 갖춘 글로벌 항만으로 급성장했다. 부산항 전체 물동량의 70%인 1,550만 TEU의 컨테이너를 매년 처리하며, 초대형 선박 접안이 가능한 15~18m 수심, 24시간 운영 시스템을 자랑한다. 올 초에는 서측 제7부두를 무인 스마트 컨테이너 전용부두로 개장했다. 지리적으로는 부산 강서구와 경남 창원시 진해구에 걸쳐 있고, 바로 옆의 진해신항과 가덕신공항이 오는

2030년을 전후해서 완공되면 대한민국 최고의 물류허브로 거듭 날 것이다.

8. 북항 재개발 사업 논의

부산항 북항 재개발 사업은 김영삼 정권 시절인 1994년 물류 기능 재배치에 초점을 맞춰 처음 기획됐지만, 지금과 같은 친수 공간으로 북항을 재개발하는 계획은 그로부터 10년이 더 지난 2004년에 본격화했다. 그해 9월 6일 부산시청에서 열린 '부산지역 혁신 발전 5개년 계획' 토론회에서 대통령 노무현은 "북항 개발이 부산의 얼굴을 바꾸는 계기가 되면 좋겠다"는 취지로 행정수반으로선 처음으로 북항 친수공간화를 지시했다. 이는 신항 개

2004년 9월 6일 노무현 대통령이 참석한 부산지역혁신발전 5개년 계획 토론회 ⓒ부산항북항재개발사업단

발 이후 북항을 보조항으로 계속 사용하려는 정부 계획과는 결이 다른 것으로, 북항을 시민 품으로 돌려주겠다는 통수권자의 의지가 반영됐다.

대통령 지시는 정권 교체와 상관 없이 부산항 재래부두 재개발 방안 연구 용역(2005), 부산항 북항 재개발 종합계획 보고회(2006), 친수형 방식 마스터플랜 선정(2007), 부산항북항통합개발추진단 발족(2009) 등으로 구체화했다. 하지만 일사천리로 진행된 것은 아니었다. 정부는 항만 기능이 강조된 '닫힌 항만'을 여전히 포기하지 못했고, 시민단체와 지역언론은 친수공간 개발을 포함한 '열린 항만'을 끊임없이 부르짖었다. 정부와 시민사회의 욕구가 충돌하고 갈등하면서 정부의 항만 재개발 기본계획 고시는 그동안 무려 10차례나 변경됐다. 그런 과정을 거쳐서 북항 재개발 사업은 대통령 노무현이 말했던 "누구라도 슬리퍼를 신고 갈 수 있는 북항"에 그나마 조금씩 부합해 갔다.

2022년 6월 항공촬영된 북항1단계 재개발 사업지 ⓒ부산항만공사

북항 재개발 사업은 모두 3단계로 추진된다. 부산항만공사(BPA)가 사업시행자로 2조 4000여억 원을 들여 2007~2023년 부산 중·동구 일대, 즉 연안부두, 국제여객부두, 중앙부두, 1~4부두를 대상으로 추진한 것은 '1단계'에 불과하다. 향후 자성대부두를 포함해서 2단계 사업이 진행되고, 마지막으로 신선대부두와 영도지역을 포괄한 3단계 사업까지 마무리된다면 북항은 종전과는 완전히 다른 도시로 변모할 것이다.

9. 북항 재개발 쟁점들

북항 재개발은 이제 겨우 1단계 공공 부분 사업이 마무리된 상태다. 그 과정도 순탄하지는 않았다. 특히 공공성 강화를 둘러싼 의견 수렴 과정은 무엇보다 치열했다. 부산항 1부두의 피란수도 유산 보존을 둘러싼 갈등, 중·동구의 북항 재개발 지역에 대한 행정구역 관할권 다툼, 부산역 일원 철도시설 재배치 논란, 북항 재개발 지역에 대한 경제자유구역 지정 실패, 북항 오페라하우스 건립 지연* 등의 문제를 남겼다.

그중에서 가장 격렬한 논쟁은 공공성 강화를 둘러싼 것이었다. 공공성 강화 문제는 북항 재개발 지구 내 생활숙박시설 건축 허가 논란에서 촉발했다. 생활숙박시설은 유사 주거시설로 북항 재개발 취지에 어긋난다는 지적에 따라 반대 여론이 들끓었다.

---

* 부산항만공사, 『북항재개발백서』 2권, 336-467쪽.

정부는 이에 아직 팔리지 않은 부지에 한해 주거 용도를 제한했고, 일부 지구에 대해서는 건폐율과 최고 높이를 조정해 저밀도 개발과 통경구간을 확보하는 것으로 시민사회 반발을 누그러뜨렸다. 그러나 랜드마크 부지 사업 계획이 아직 확정되지 않은 상태라서 공공성 강화 문제는 앞으로 언제든지 다시 불거질 우려가 높다.

10. 부산시 해양행정의 명칭 변화로 본 로컬의 항만 읽기

부산시 행정 조직에서 해양의 비중은 크지 않다. 부산항 관리 주체가 중앙정부라서, 해운은 물론이고 항만 건설과 관리, 통관 등에서 부산시가 개입할 여지는 거의 없다. 심지어 시민 안전을 위협하는 중대 사건이 일어나도 부산시는 "의견 제시"로 만족할 수밖에 없다. 2019년 2월 러시아 화물선의 광안대교 충돌 사건, 부산항 8부두의 세균 무기 실험 사건 등에 대해서도 부산시는 규제는 고사하고 상황을 조사할 권한도 행사하지 못했다. 부산항이 부산에 있지만 부산시민의 것이 아니라는 사실을 재확인한 것이다. '해양수도' 부산이란 수식어가 얼마나 공허한지를 깨닫는다.

해양에 대한 부산시의 인식 변화와 직제 개편 과정은 그런 점에서 눈여겨볼 필요가 있다. 지금은 '해양수도'나 '해양수산국'이란 용어가 낯설지 않지만 1990년대 후반까지만 해도 부산시 행정 조직에서 발견할 수 없는 단어였다. '해양'이란 용어가 부산시 행정 조직에 처음 들어온 것은 1998년 행정기구 설치 조례의 시행 규칙 개정을 통해서다. 당시 안상영 부산시장은 항만개발과, 수산행정과, 수산진흥과, 농업행정과 등 4개 과로 구성된 '항만농수산국'을 처음 설치했다. 그러나 당시만 해도 부산시 도시계획을 위해 항만 행정을 끌어들인 것이 아니라 국가의 항만 개발에 악영향을 주지 않기 위한 업무 분장이었다. 항만을 위해 부산시민의 쾌적한 삶을 스스로 포기한 것으로 해석된다.

'항만'보다 좀 더 포괄적인 개념의 '해양'이 부산시 행정 조직 명칭에 등장한 것은 그로부터 8년이 더 지난 2006년이다. 허남식 시장의 첫 임기가 끝날 무렵 단행된 조직 개편에서 '해양항만과'가 설치됐고, 이듬해 허 시장의 재선 성공과 함께 '해양농수산국'이 출범했다. 바다에 대한 부산시 행정이 항만이란 제한된 범위를 넘어서 '물류'라는 추상 개념으로 확장된 첫 사례다. 허남식에 이어 부산시장이 된 서병수는 아예 농업행정을 떼어냈고 해양과 항만, 수산만 묶은 '해양수산국'을 설치했다. 처음으로 해양이 '독립국(局)'이 된 셈이다.

그러나 후임자인 오거돈 부산시장은 해양수산부 장관 출신인데도 취임 첫 직제 개편에서 해양수산국을 다시 해양농수산국으로 퇴행시켰고, 5개월 만에 물류정책관을 신설하면서 해양 관련 업무를 아예 이원화하는 등 중심을 잡지 못했다. 해운과 항공, 철도를 하나로 묶어서 이른바 '트라이포트' 행정을 강조했으나 정작 통합 효과는 나타나지 않았고 각종 해양 안전사고에 대한 대응 능력도 확보하지 못했다.

행정 직제는 필요에 따라 바꾸는 게 맞는다. 하지만 그 필요와 변화를 추동하는 것은 시민사회와 산업현장의 끊임없는 욕구다. 지금까지의 부산시 해양 관련 직제 변화도 그런 해양산업계의 욕구가 수용된 결과라고 생각한다. 그 욕구가 앞으로 어디로 향할지, 부산시는 주목해야 하고 이를 행정에 적극적으로 반영해야 한다.*

항만은 고용과 소득 창출 효과가 크다. 개발 초기의 항만이라면 도시의 주요 기능이 항만 주변에 집중적으로 배치되면서 항만과 도시의 상생 효과가 더 크게 나타난다. 부산항이 그런 과정을 거쳤다. 특히 변방의 작은 어촌에서 시작한 부산항은 개항 후 일제 수탈의 전진기지로, 한국전쟁 중에는 미군 병참기지로, 산업화 시대에는 수출입 관문으로 기능하면서 도시의 핵심 인프라로 자리 잡았다. 우월한 지정학적 입지와 깊은 수심 덕분에 동북아 중심항 지위도 일찍 확보했다. 부산이 대한민국 제2의 도시로 급성장한 것도 부산항을 품었기 때문이다.

그러나 부산항 '때문에' 부산은 쾌적하지 않은 도시라는 오명을 오랫동안 버리지 못했다. 도시 오염의 바로미터인 미세먼지는 항만에서 주로 분출됐고, 부산시민은 부산항의 미세먼지로 최악의 환경에서 살았던 것이다. 항만을 오가는 컨테이너 차량은 심각한 도심 교통체증과 주차난을 유발했다.

항만이 도시 발전을 견인한다는 주장은 도시가 발달할수록 설득력을 잃는다. 오히려 도시계획을 기형적으로 뒤틀었고, 그 피해가 고스란히 주민들에게 돌아갔다. 오랫동안 부산항 주변은

---

* 백현충, '부산시 해양행정 재통합을', 〈데스크칼럼〉, 부산일보, 2019.4.3.

부산에서 가장 슬럼화된 지역으로 남아 있었다. 항만의 잠정적인 배후 부지로 묶여서 개발은커녕 주민 편의시설을 설치하는 것도 제한됐다.

과거 항만정책은 수출입을 통한 경제 성장을 지원하는 인프라 역할에 충실하면 그만이었다. 그러나 지금은 다르다. 도시와 상생하는 방안을 찾지 못하면 어떤 정책도 실행될 수 없다. 그만큼 도시와 항만의 '균형 잡기'가 절실해졌고 정책 기획의 중요한 기준이 됐다.

부산항 역시 더 치열해진 물류 경쟁 속에서 대형화, 거점화의 욕구가 커졌다. 하지만 아무리 균형을 찾더라도 이미 거대해진 도시 속에서 항만 규모를 키우는 것은 쉽지 않았다. 삶의 질 회복을 요구하는 주민 반발을 잠재울 수단도 마뜩잖았다. 도시도, 항만도 모두 활력을 잃었고 새로운 대안이 절실했다. 항만의 외곽 이전은 그런 차원에서 충분히 예고됐다. 비단 부산항의 문제가 아니었다. 유럽에서도 항만은 도시를 벗어나서 외곽으로 이전하는 추세가 뚜렷했다.

항만 기능을 점진적으로 줄여나갈 '북항 재개발 사업'은 그런 차원에서 완전히 다른 시각과 투자, 정책 방향을 요구했다. 오랫동안 '닫힌' 항만을 '열린' 항만으로 전환하기 위한 아이디어가 없을까. 무엇보다 도시와 단절된 항만을 매력적인 공간으로 만들 방법은 무엇일까. 항만과 그 주변 공간을 어떻게 재생하면 워터프론트 기능을 되살려서 삶의 질을 높일 수 있을까.

이런 욕구를 담은 것이 '제1차 항만재개발 기본계획 고시'(2007.10)다. 앞서 2007년 6월 제정된 '항만과 그 주변지역의 개발 및 이용에 관한 법률'*도 중요한 법적 근거가 됐다. 법이 있다고 콘텐츠가 따라오는 것은 아니지만 법이란 틀이 있으면 콘텐츠가 뜬구름 잡기로 전락하는 경우가 드물다는 점에서 두 고시와 법률은 의미가 컸고 북항 재개발 사업이 선로를 벗어나지 않고 처음부터 끝까지 추진될 수 있는 동력이 됐다. 그러나 그것이 전부는 아니었다. 당시 기본계획 수립에 포함된 항만은 부산항, 인천항, 광양항 등 전국 10개였지만 대부분 항만을 재개발 계획조차 잡히지 않았다. 정부의 항만 재개발 예산이 공공 인프라 구축에 집중된 탓에 민간 투자를 끌어들일 여력이 없으면 아예 계획도 잡을 수 없었던 것이다. 북항은 그런 점에서 명분과 실리를 모두 갖춘 셈이었다. 북항은 개항 140여 년 만에 '항만 기능'을 조금씩 상실하는 대신에 '도시 기능'을 서서히 되찾을 기회를 얻었다.

북항 재개발 사업은 2006년 부산항(북항) 재개발 종합계획 보고회를 시작으로 2007년 마스트플랜 수립, 2008년 사업 계획 및 실시계획 수립 순으로 추진됐다. 물론 착공 이후에도 갈등과 혼란은 이어졌다. 공공성 강화를 둘러싼 논쟁, 부산항 1부두의 피란수도 유산 보존 논란, 북항 재개발 지역에 대한 행정구역 관할권 다툼 등은 대표적인 사례였다. 그럼에도 2022년 12월 1단계 사업 완공으로 도시 기능 회복의 계기가 마련됐다.

국립국어원 표준국어대사전은 '재개발(再開發)'에 대해 "의미

---

* '항만과 그 주변지역의 개발 및 이용에 관한 법률'은 2009년 12월 '항만법'으로 통합됐다.

있는 것을 더 낫게 하려고 다시 개발함"이라고 정의했다. 그러나 북항 재개발은 리모델링을 통해서 항만으로 다시 사용한다는 뜻이 아니라 항만 기능을 완전히 중단하고 도시 기능을 회복하는 사업이었다. '재활용'이 아니라 '재가치화'에 방점을 찍었다. 단지 시민들의 친수공간과 공원을 만들기 위해서 기존 항만 기능을 부정하고 무려 2조 4000억 원의 국가 예산을 투입한 것이 아니다. 기존 항만 가치를 능가하는, 새로운 가치를 창출하지 못하면 북항 재개발 사업은 헛짓이 될 수도 있다.

이를 위해 가장 중요한 것은 패러다임 변화다. '화물 중심'에서 '사람 중심'으로, '경제 중심'에서 '삶의 질 중심'으로 바뀌고 있는 시대정신을 정확히 읽어야 한다. 하지만 항만을 통한 무역이 아니라 생존이 어려운 무역국가에서 항만 기능을 스스로 포기하는 것이 가능할까. 그 답은 '닫힌 항만'과 '열린 항만'의 차이라고 생각한다. 닫힌 항만이 항만 기능에 집착해서 선박의 입출항, 이와 관련된 선용품, 급유, 급수, 줄잡이 등 이른바 항만 연관 산업을 육성하는 데 급급했다면, 열린 항만은 '항만경제'를 넘어서 '해양경제'를 목표로 한다. 육체노동과 기술노동을 지양하고, 해양금융, 해양과학, 해양관광, 미디어, 법률 등에 초점을 둔 지식·서비스 산업을 핵심 동력으로 삼는다.

그래야 북항 재개발 사업 1단계에 이어서 2단계, 3단계로 나아갈 수 있고, 종국에는 북항 전체를 시민 품으로 되돌리는 역사가 만들어질 것이다. 또 그런 성과가 담보될 때 다른 지역의 항만 재개발 사업도 긍정적인 방향으로 전환될 수 있다.

제한된 접근성, 한정된 기회로 정의된 것이 '닫힌 항만'이라면,

개방성, 무한한 기회로 재정의될 수 있는 것이 '열린 항만'이 아닐까. 물류만을 위한 항만이 아니라 물류와 정보, 사람이 함께 어울리고 그 속에서 훨씬 더 큰 부가가치를 창출할 수 있는 것, 친수 공간과 공원을 즐기며 삶의 질을 보장받는 것, 도시와 항만이 더 이상 단절되지 않는 것, 그 상생 효과를 통해서 다음 세대가 더 큰 수혜를 입는, 그런 갈망이 제대로 실현되는 미래를 '열린 항만'에서 기대하고 싶다.

백현충

04
이민자의 도시, 부산*

왜 결혼이민자에 주목하는가?

교통과 인터넷의 발달로 사람과 정보의 이동이 자유로워지면서 국제이주가 증가하였다. 최근 전 세계 이주자는 2억 8,100만 명으로 전 세계 인구의 약 3.6%에 해당하는 것으로 추정하고 있으며, 이 중 아시아로의 이주자가 1990년 4,820만 명에서 2020년 8,560만 명으로 크게 증가하였다(IOM, 2022). 한국도 1990년대 이후 국내 노동력 부족으로 외국인근로자의 유입과 결혼이민자와

---

* 이 장은 『Journal of Global and Area Studies』 제7권 제3호(2023년)에 게재된 「부산지역 일본인 결혼이민자의 만남 유형과 커뮤니티 형성」 논문을 수정·보완한 것임.

유학생이 지속적으로 증가하고 있다. 특히 결혼이민자는 국내 이주하여 정착하면서 다문화 공간인 가정을 중심으로 한국 생활하고 있기 때문에 외국인 근로자나 유학생보다 지역사회에 미치는 영향이 크다(류주현 2012).

국내에 결혼이민자가 증가하게 된 원인은 1990년대 이후 농촌 지역 남성과의 결혼 기피 현상이 나타나면서 이러한 문제를 해결하기 위해 국제결혼의 필요성이 대두되었기 때문이다(이용균 2007). 이 시기 동남아시아 국적의 여성 결혼이민자 대부분은 가족과 친지 및 국제결혼중개업체를 통해 한국 남성과 결혼하였다(전형권 외 2013). 그러나 국제결혼을 통해 한국으로 이주하는 결혼이주자의 이주 경로는 다양화되었고(임인숙 외 2010: 36), 특히 일본인 결혼이민자의 경우 국제결혼중개업체를 통해 국제결혼한 동남아시아 국적의 결혼이민자와는 다른 특징이 있다(이지선 외 2008).

이와 대조적으로 1990년대 초부터 한국 여성과 외국인 남성의 국제결혼도 증가했다. 통계청 인구동향조사(2023)에 의하면 1990년대 초반부터 2010년까지 한국 여성과 일본 남성, 2000년 초반부터 2013년까지 한국 여성과 중국 남성, 2014년부터 현재까지 한국 여성과 미국 남성의 국제결혼 건수가 상위를 차지하고 있다.* 또한 최근 국내 국제결혼은 농촌보다는 도시에 결혼이민자가 증가

---

* 한국 여성과 일본 남성의 국제결혼은 2007년(3,349명)을 정점으로 감소하는 경향이지만, 최근 3년간 한국 여성과 미국 남성의 국제결혼 건수(2022년 1,380명으로 전체 30%)가 가장 많으며 꾸준히 증가하고 있다(통계청 2023).

하고 있으며, 이는 이미 결혼이주가 도시 중심으로 전개되고 있음을 반영함과 동시에 도시에 거주하는 한국 여성과 외국인 남성을 중심으로 한 국제결혼이 전개되고 있다(이용균 외 2012).

왜 일본인 결혼이민자인가?

부산은 1876년 개항하면서 일본인 거주자의 증가와 함께 식민지 항만도시로 발전하기 시작했다. 일본과 지리적으로 가장 가까운 곳에 위치한 부산항을 통해 일본인들이 유입되었다. 당시 부산으로 이주한 일본인들은 기본적으로 부산과 지리적으로 가까운 규슈지방(나가사키, 후쿠오카, 구마모토 등), 간사이지방(오사카, 효고 등) 등에서 이주해 왔다(박철규 2008: 281). 이렇듯 역사적으로 오래 전부터 부산은 일본인들이 유입된 지역으로 좋은 의미에서든 나쁜 의미에서든 부산과 일본은 밀접한 관계가 있다. 특히 앞서 설명한 다양한 국제이주자 가운데서도 결혼이민자는 현지에 정착하고 적응해 살아가는 장기체류자인 점을 고려하면 다른 국제이주자보다는 현지 지역사회에 중요한 역할을 담당한다고 볼 수 있다.

국내 일본인 결혼이민자는 결혼한 시기에 따라 크게 세 시기로 구분하여 설명할 수 있다. 첫 번째는 해방 이전에 조선남성과 결혼한 일본인 아내, 두 번째는 1980년대부터 통일교를 통해 결혼한 일본인 아내, 세 번째는 최근 제3국에서 만나 결혼한 일본인 아내다.

먼저 일제 강점기에 '내선결혼'에 의해 조선남성과 결혼한 일본인 아내들은 1세대 일본인 결혼이주여성들로서, 이들은 해방 후 1963년 친목단체인 '부용회'를 설립하여 회원 간 정신적 안정, 물질적 원조, 모국으로 귀국, 일본 정부로부터 생활지원금 제공 등의 역할을 하고 있다(藤田則貴 2016: 292). 현재 경주 나자레원에 일본인 결혼이주여성은 3명 남아 있다(내외통신 2022).

두 번째로 통일교를 통한 일본인 결혼이민자의 국내 거주는 1980년대부터 시작되었으며 1992년 통일교 합동결혼식에 일본의 유명 여배우와 체조선수가 포함되어 있어 일본에서도 주목을 받기 시작했다(조현미 2009: 529). 이들은 해방 이후 국내에 거주하고 있는 결혼이주여성들 중에서 가장 오랜 거주 역사를 가지고 있음에도 불구하고 통일교를 통해 이루어진 국제결혼이라는 특수성으로 사회적 관심과 지원 대상에서 멀어졌다(조현미 2009; 540). 또한 이들은 경기도와 중소도시를 중심으로 거주하고 있다.

마지막으로 최근 일본인 결혼이민자는 세계화와 한류 붐을 타고 만나 결혼한 경우로 지금의 한·일결혼은 경제적·사회적으로 대등한 조건에서 이루어진 것으로 해방 이전과 변화된 모습이다(김석란 2007). 최근 이러한 일본 여성 결혼이민자들은 다양한 지역에서 만나 결합한 형태로 3세대 결혼이민자로 볼 수 있다. 이들 대부분은 연애결혼으로 국내 대도시지역을 중심으로 체제하고 있다.

부용회 부산지부

일본인 여성 결혼이민자 커뮤니티는 일제 강점기 조선인 남성과 결혼한 일본인 부인들 중 부산지역에 거주하고 있는 사람들의 모임으로 거슬러 올라간다. 해방 전 한국인과 결혼해 국내에 머문 일본인 여성을 '재한 일본인 처'라고 하는데, '부용회 부산본부'는 바로 이들의 부산 지역 조직으로, 1942년 일본 외무성 조사에 따르면 조선인 남성과 일본인 여성으로 구성된 부부가 일본에 1,284쌍, 조선에 106쌍이 각각 존재했던 것으로 알려지고 있다. 일본에 있던 약 1,300쌍의 부부 중에서도 일본 본토에 대한 공습이 격화되자 가까운 조선으로 피난하려는 이들이 급증하고, 1945년 말 한반도 내의 일본인 2만 7935명 중 1,307명이 잔류를 희망하였다는 기사가 있는데, 이들 중에는 재한일본인 처도 다수 포함되어 있었을 것으로 짐작된다.

해방 후 부산에 잔류한 재한 일본인 처들로 구성된 단체의 기원은 '야요이회(弥生会)'라 할 수 있는데, 약 20여 명이 여기에 참여하였다. 야요이회는 1965년 '재한일본인부인회(在韓日本人婦人會)'가 전국적으로 결성됨에 따라 명칭이 바뀌었으며, 같은 해 한일 국교가 정상화되면서 한국으로 건너온 일본 부인들도 다수 재한일본인부인회의 구성원이 되었다. 그리고 이듬해인 1966년 다시 '부용회(芙蓉會)'로 개칭하여, 현재 부용회는 부산과 서울 본부를 비롯한 충청북도, 충청남도, 전라북도, 광주, 목포, 여수, 대구, 포항, 마산 등 9개 지부 약 550여 명의 회원으로 구성되어 있으며, 생존해 있는 고령화한 회원들의 생활을 지원하고 있다.

부용회 부산본부의 회원 수는 2005년 〈국제신문〉 기사에 따르면 약 90여 명으로, 해방 후 부산에 잔류한 일본인 부인들의 상호부조와 친목 도모를 목적으로 설립되었다. 부용회 부산본부 회원

들은 매년 추분이면 부산 시립 공원묘지 내에 있는 일본인 위령비를 찾아 추모제를 지내고 있으며, 회원들 간의 친목을 위한 모임을 일상적으로 가지고 있다. 부용회 부산본부의 회장은 구니다 후사코(国田房子), 부회장은 엔도 노부(遠藤ノブ)이며, 현재 부용회의 회원들은 극소수가 생존해 있으며 모두 고령자이다. 이들은 거동이 불편하게 되면 마지막으로 일본인 부인 양로원인 경주의 나자레원으로 가서 말년을 보냈다.

부산일본인회

부산에는 1972년 8월 부산, 창원, 구미, 대구, 마산 등 경상권 지역에 거주하고 있는 일본인을 중심으로 만들어진 부산일본인회가 있다. 2022년 7월 1일 시점 총 회원 수(가족회원 포함) 224명, 법인회원 수 51사, 정회원 수 186명으로 구성되어 있다(부산일본인회 홈페이지).

이러한 부산일본인회는 1972년 8월 발족하여 부산, 창원, 구미, 대구, 마산 등에 거주하고 있는 일본인과 교류하고 있다. 2021년 10월에 남포동에 있던 일본인회사무국이 부산일본인학교로 이전하여 2022년 7월 당시, 법인회원 51사, 총 회원 수 224명, 정회원 수 186명으로 구성되어 있다. 부산일본인회의 목적은 회원의 원만한 상공업 활동을 촉진하고 회원 상호 간의 친선 및 복지향상, 한일경제관계의 원만한 발전 촉진, 한일 양국민의 친선을 위한 한국사회의 공헌하는 것이다. 그들의 활용내용은 매년 4월 정기총회, 매월 1회 이사회 및 각 부회(일본인학교운영위원회, 회보부회, 경제부회, 체육부회), 월례골프대회, 볼링대회, 여행 행사, 크리스마스파티 등 친선모임, 부산시내 각 국제교류단체(부산한일친선협회, 부산국제교류협회, 부산한일문화교류협회)와의 친선교류행사, 대학과의 교류, 부산일본인학교의 운영이다.

그러나 부산일본인회는 일본영사관과 일본기업에서 파견된 주재원을 중심으로 활동하고 있기 때문에 한국인과 결혼한 일본인 결혼이민자가 이 커뮤니티에 가입하여 활동하기에는 어려움이 있다.* 그러나 부산일본인회도 2017년부터 일본기업들이 줄어들면서 회원 수도 줄어들어 일본인 결혼이주자 등 새로운 회원들의 가입을 모색하고 있다.**

부산의 3세대 일본인 결혼이민자의 이주 특성

본 연구의 참여자들은 일본에서 온 남녀 결혼이주자로 모두 결혼중개업자나 종교를 통한 결혼이 아니라 앞에서 설명한 제3세대 유형으로, 2000년대 이후 한국인 배우자를 만나 부산에 거주하고 있는 일본인 결혼이민자이다. 이 면접조사에 참여한 일본인 결혼이민자의 기본 정보는 〈표1〉과 같다. 면접에 직접 참여한 일본인 결혼이민자 중 여성이 7명, 남성이 2명으로 20대 1명,

---

* 참여자 2, 3, 5번의 면접 내용을 바탕으로 작성함.
** 부산 생활을 하면서 도움이 필요하거나 한국어 뉴스를 일본어로 번역하여 정보 공유하는 등 다양한 정보들을 제공하고 있음.

30대 2명, 40대 6명으로 진행하였다. 그리고 동거가족 구성을 보면 자녀가 있는 가정이 총 6가정(참여자 1~6)이고, 그중 한 가정이 시어머니와 동거하고 있다. 그 외 자녀가 없는 부부가 3가정(참여자 7~9)이 있다.

표1. 연구참가자 기본 정보

참여자	연령별 동거가족구성					이전 직업	현재 직업	비자 종류	면접시 사용언어
	-19	20-29	30-39	40-49	70-				
1	○			△●		학생	전문직	결혼이민(F-6)	韓
2	△○		▲○			여행사	일본어강사	영주(F-5)	日
3	△		▲○			사무직	일본어강사	영주(F-5)	日
4	△○			△●		호텔	프리랜서	결혼이민(F-6)	日
5	△		▲○	△		사무직	일본어강사	영주(F-5)	韓
6	△	○	▲			사무직	주부	결혼이민(F-6)	日
7			▲	○		미용사	미용사	결혼이민(F-6)	日
8			▲○			사무직	주부	결혼이민(F-6)	日
9		▲	○			여행사	아르바이트	결혼이민(F-6)	日

주) 1. △: 여성　○: 남성　▲: 여성면접참여자　●: 남성면접참여자
　　2. 참가자들에 관한 정보는 2023년 1월과 2월 준함.
출처: 면접조사에 따른 저자 작성

면접 참여자들은 부산에 이주하기 전에 서비스직, 사무직 등으로 일본에서 근무하였고, 현재는 이전 직업과는 다른 일본어강사, 전문직, 주부 등으로 다양한 직업에 종사하고 있다. 그러나 참여자 7번의 경우는 일본에서 미용사로 근무하였고, 결혼 후 부산에서도 일본인이 경영하는 미용실에서 미용사로 일을 하고 있다.

면접 참여자의 비자 종류는 영주(F-5)비자 3명(참여자 2, 3, 5)을

제외하고 모두 결혼이민(F-6) 비자로 부산에 거주하고 있다. 면접 시 사용언어는 한국어로 진행한 2명(참여자 1, 5)을 제외하고, 모두 일본어로 진행하였다. 다만 일본어로 면접을 진행한 것은 참여자들의 한국어가 부족하기보다 좀 더 편하게 대화하기 위하여 일본어를 선택한 것이다.

일본인 결혼이민자의 부산 이주과정

면접 참여자들의 부산 이주과정을 시기별로 살펴보면 대부분 2000년대 이후에 결혼한 일본인으로 부산 이주 시기는 결혼 시기와 다소 차이가 있다(표2). 예를 들어 참여자 1번의 결혼 시기는 2007년이지만 한국에 온 시기는 2001년으로 22년째 한국에 거주하고 있다. 또 참여자 4번은 이와 반대로 결혼 시기는 2007년이고 부산에서는 2015년부터 현재까지 8년째 거주하고 있다.

일본인 면접 참여자들과 한국인 배우자가 서로 처음 만난 장소로 나눠 크게 세 가지 유형으로 설명할 수 있다. 먼저 첫 번째 유형은 일본에서 한국과 관련된 일을 통해서 또는 한국으로 취업을 하면서 한국인 배우자를 만난 경우다(참여자 1, 3). 두 번째 유형은 제3국인 미국, 캐나다, 뉴질랜드에 워킹홀리데이 또는 어학연수로 가면서 한국인 배우자를 만나 원거리 연애를 통해 결혼에 이른 경우다(참여자 2, 4, 6). 세 번째 유형은 외국어 공부를 목적으로 가입한 언어교환 앱을 통해 만난 경우다(참여자 7, 8, 9).

표2. 일본인 결혼이민자의 부산 이주과정

참여자	일본인 배우자	배우자 만난장소	결혼 시기	초기 거주지	현재 거주지	서로간 사용언어 비율 초기	서로간 사용언어 비율 현재
1	오이타	부산	2007년	부산진구	강서구		
2	삿포로	캐나다	2008년	수영구			
3	오사카	부산	2009년	남구			
4	오사카	미국	2007년	하와이	동래구		
5	나가사키	일본	2011년	수영구			
6	나고야	뉴질랜드	2016년	금정구	양산		
7	야마가타	일본	2019년	부산진구			
8	돗토리	일본	2020년	사상구	부산진구		
9	후쿠이	언어교환 앱	2021년	부산진구			

주) 1. 참여자 6번은 결혼 전 나고야에서 구마모토로 부모님이 이사하고, 2023년 1월에 부산 금정구에서 양산으로 이사함.
  2. 참여자 8번은 대학과 직장이 교토임.
  3. 참여자 9번은 오사카로 취업함.
  4. ■ : 일본어 ▨ : 영어 □ : 한국어
출처: 면접조사에 따른 저자 작성

　일본인 결혼이민자들은 결혼과 동시에 부산으로 이주하여 생활하는데, 이는 한국인 배우자의 출신지와 직장이 부산에 있기 때문이다. 이들은 모두 남녀에 큰 차이 없이 안정적인 직업을 가진 배우자의 거주 국가 및 도시에 이주하였다.

　그리고 그들의 출신지가 부산과 거리가 가까운 규슈지역(오이타, 나가사키, 구마모토)이거나, 출신지는 비록 부산에서 상대적으로 거리가 멀고 교통수단이 불편한 야마가타현, 돗토리현, 후쿠이현이지만 대학과 직장생활을 간사이지역(오사카, 교토)에서 하면서 친구소개 또는 언어교환 앱을 통해 남편과 만나 부산으로 이주한 경우가 대부분이었다. 현재 이들은 대부분 일본인 결혼이민자들은 부산진구, 수영구, 남구, 동래구를 중심으로 거주하고 있었다(표2).

또 이들 부부간 사용언어는 매우 다양한 형태를 보였다. 〈표 2〉는 부부간 사용언어의 비율을 나타내는데, 참여자 5번을 제외하고는 한국어, 일본어, 영어를 함께 사용하는 경우는 비율이 높았다. 초기에는 영어로만 대화하거나, 영어와 한국어, 영어와 일본어를 병행하여 대화를 했다. 하지만 현재 영어를 사용하지 않고 한국어와 일본어를 사용하고 있다. 특히 주목할 점은 부부간의 대화가 일본어만으로 이루어진 경우로, 이들은 만나기 전부터 한국인 배우자가 일본어에 능통하여 둘 사이의 대화는 일본어로 했다는 점이다(참여자 7, 8). 반대로 현재 한국어만을 사용하는 경우에는 처음부터 일본인 배우자가 한국어를 사용하기보다는 영어와 한국어를 함께 사용하다가 어학당 또는 가족센터에서 한국어를 공부하면서 능통해진 경우다(참여자 2, 9). 이처럼 부부간 사용언어는 다양한 형태를 보이지만, 자녀가 있는 가정 내 사용언어는 대부분 일본인 부모는 일본어, 한국인 부모는 한국어를 사용하여 자녀가 이중 언어를 구사할 수 있도록 하고 있었다.

사쿠라노카이 등 다양한 커뮤니티의 활성화

2014년 부산 남구에 거주하는 일본인 여성 결혼이민자를 중심으로 만들어진 사쿠라노카이(さくらの会)가 있다. 이 커뮤니티는 남구다문화센터에서 한국어수업을 수강한 일본인 여성 결혼이민자들이 정보공유를 목적으로 만든 '비공개' 네이버 밴드 모임으로 초기에 20명 정도 활동하였다.

  2022년 12월 말 등록자 수는 총 498명이고 실제 활동자 수는 280명 정도로 크게 늘었다. 그러나 회원 수가 늘어나고 부산 지역 외에도 일본, 국내 타지역에서도 가입을 하면서 정보공유의 목적보다 개인사업자들의 기업 홍보가 증가하여 현재는 부산, 양산, 김해지역까지만 회원 가입을 받고 있다. 이 외에 사쿠라노카이를 통해 본인 출생년도에 따른 모임, 아이 출생년도에 따른 모임, 일본어강사 모임 등 공통점을 가진 일본인 결혼이민자들의 소규모 모임을 만들어 활동하고 있다.

  그리고 한국 거주 일본인들이 활동하고 있는 다양한 SNS가 있다. 그중 니혼이치반가이, 부산사랑, BUSANnavi 등은 특히 20~30대 세대가 이용하는 SNS 커뮤니티로 부산과 국내 타지역의 정보들을 쉽게 접할 수 있어 많은 일본인이 이용하고 있다.

표3. 부산지역 일본인 결혼이민자의 커뮤니티 활동

참가자	일본 커뮤니티 활동 여부		
	부산일본인회	사쿠라노카이	기타
1			○
2		○	○
3		○	○
4			○
5		○	
6			○
7	○	○	○
8		○	
9			○

〈표3〉은 참여자들이 가입하여 활동하고 있는 커뮤니티로, 참여자 7번은 부산일본인회, 사쿠라노카이, 부산사랑 등 부산지역 외에 창원지역의 커뮤니티도 활동하고 있다. 반면에 이러한 모임들과 상관없이 대면으로 알게 된 소수의 일본인과 모임을 하는 경우도 있다(참여자 1, 4). 이들은 일본인 남성 결혼이민자(참여자 1, 4)로, 부산에 거주하는 일본인과 만남에 그다지 적극적이지 않으며 한국어 구사 수준과 상관없이 부산 생활에 불편함이 없이 적응하고 있었다. 이상과 같이 일본인 여성 결혼이민자들이 의사소통의 장소로서 온라인상의 인터넷 커뮤니티를 구축하여 강한 연대를 통해 서로 필요한 정보공유를 하고 있다.

결혼 전 만남 계기: 언어교환

면접참가자 7번은 영어 공부를 목적으로 일본에 유학 중이던 한국인 지인으로부터 지금의 남편을 소개받아 결혼하여 부산에 거주하고 있다. 당시 남편은 영어와 일본어에 능통하여 메신저를 통해 영어와 일본어로 통화하면서 결혼까지 이르게 되었다. 현재 가정 내에서 일본어로 의사소통을 하고 있으며, 주변의 한국인 지인들도 일본어에 능통하여 크게 불편함 없이 생활하고 있다.

면접 참가자 8번은 일본 돗토리현 출신으로 교토에 있는 대학에 진학하면서, 2010년 초반부터 한류 팬으로 한국어에 관심을 가지고 도쿄에 있는 일본인 친구의 소개로 현재 남편과 연락하게 되었다. 당시 남편은 도쿄에 있는 패션전문학교에 재학 중으로 일본어가 매우 능통하였다. 이후 오사카에서 남편과 만나면서 원거리 연애를 시작하였다. 2019년 6월 오사카에서 다니던 회사를 그만두고 2019년 9월 부산에 어학당을 다니면서 남편의 적극적인 구애로 2020년 1월에 결혼한 후 부산진구에 거주하고 있다. 남편이 일본어가 능통하여 가정 내에서 대부분 일본어를 사용하고 있다.

마지막으로 후쿠이현 출신인 면접참여자 9번은 2003년 일본에서 방송된 〈겨울연가〉를 통해 한국드라마를 처음 접하게 되었다. 이후 오사카에 있는 대학으로 진학하여 오사카에 취직하면서 일본인 친구들이 한국인과 만나는 모습을 보면서 한국어에 관심이 생겨 언어교환 앱을 통해 현재 남편을 만나게 되었다. 2020년 2월 코로나가 시작되면서 부산으로 와서 대학어학당에서 한국어 공부를 하였고, 이듬해 1월 결혼을 하였다. 남편은 단어 정도의 수준으로 대화할 수 있는 일본어 실력으로 대부분 한국어로 의사소통을 하고 있다.

2000년대 이후 일본인과 한국인 국제결혼의 새로운 유형으로 이들은 외국어 공부를 위한 목적으로 한국인 배우자를 만나 결혼한 경우다. 특히 한류붐으로 한국어에 관심을 가지면서 한국어 공부를 위한 언어교환 앱을 활용하여 만난 경우는 다양한 국제결혼의 한 유형으로 볼 수 있다.

결혼선택의 유리한 조건: 부산과의 지리적 근접성

규슈지역 출신과 간사이지역에서 직장생활을 한 일본인 결혼이민자들은 지리적으로 부산과 거리가 가까워 결혼을 결정하는 데 큰 어려움이 없었고(참가자 1, 5, 6, 8, 9번), 이들은 한국인 배우자의 직장 또는 출신자와 관련된 부산으로 이주하여 정착하고 있었다.

면접참가자 1번은 일본 오이타 출신으로 대학시절 제2외국어로 한국어를 선택하여 공부한 것이 계기가 되어 2001년 한국으로 유학을 오게 되었고, 오이타에서 부산까지 지리적으로 가까워 심리적으로 이주에 대한 부담감이 적었다. 2001년 부산에 있는 일본인 모임에 참석하여 일본어에 관심이 있었던 한국 여성(현재의 부인)을 만나 2007년 결혼을 하게 되었다. 한국인 배우자의 출신지는 대구지만, 부산에서 대학을 졸업하고 취업을 하게 되면서 자연스럽게 부산에 정착하게 되었다. 본인도 결혼으로 결혼이민(F-6) 비자를 취득하면서 계약직에서 정규직으로 전환되었다.

일본 나고야 출신인 면접참가자 6번은 2007년 워킹홀리데이 비자를 받아 뉴질랜드로 가면서 2008년 어학코스에서 한국 남성(지금의 남편)을 만났다. 이후 본인은 일본 나고야로 귀국하고 원거리 교제를 이어오다 2015년 부모님이 나고야에서 구마모토로 이주하면서 부산과 거리가 더 가까워진 것이 계기가 되어 2016년 결혼을 했다. 친정부모님도 구마모토와 부산의 물리적 거리가 가까운 점 등으로 결혼 반대 없이 부산으로 이주하게 되었다.

그에 반해 삿포로 출신 면접자(참여자 2번)의 경우는 규슈지역,

간사이지역과 비교해 상대적으로 먼 거리에 있지만, 남편을 처음 만난 곳이 캐나다인 것에 비하면 멀리 떨어져 있다고 느껴지지 않아 국제결혼을 결정하는 데 지리적으로 먼 거리인 부산이 걸림돌이 되지 않았다. 또한 한국인 남편이 일본어가 능통하여 의사소통에 어려움 없고, 본인도 2008년 결혼을 하면서 한국어 공부를 시작하여 한국어로 충분한 의사전달이 가능하였다.

결혼 후 부산 정착의 실질적 역할: 비공개 커뮤니티를 활용한 정보공유

일본인 결혼이민자 비공개 커뮤니티 사쿠라노카이 초기 멤버인 면접참여자 5번은 2013년 남구다문화센터에서 한국어공부를 시작하면서 만나게 된 남구의 20여명의 일본인 여성 결혼이민자와 이 커뮤니티를 만들게 되었다. 이 커뮤니티를 통해 부산 생활에 필요한 정보를 공유하고, 커뮤니티 내에서도 80년생 모임, 2017년 출생 자녀 모임, 일본어강사 모임 등 공통점을 가진 결혼이민자 간에 교류를 하고 있다. 본인은 일본어강사 모임으로 한 달에 한 번 대면으로 모임을 가지고 있다. 앞서 설명하였듯이 이 커뮤니티의 가입 조건이 부산, 양산, 김해지역의 일본인 여성 결혼이민자로 한정적이기 때문에 쉽게 가입하기가 어렵다.

또 다른 사쿠라노카이 초기 멤버인 면접참여자 6번은 부산일본인회에 2010년~2011년 1년간 자녀의 일본인 교류를 위해 가입하여 활동하였지만, 일본인회의 주요 구성원인 한국 주재원 일본인 부모들과 함께 활동하기에는 거리감이 느껴져 탈퇴 후, 사쿠라노카이만 활동하고 있다.

반면 면접참가자 7번은 부산진구다문화센터에서 한국어공부를 하면서 만나게 된 일본인 여성 결혼이민자로부터 남구다문화센터 프로그램을 소개받아 사쿠라노카이에 가입하게 되었다. 사쿠라노카이를 통해 일본어로 된 부산 관련 정보를 제공받고, 본인의 직업과 관련된 의뢰를 받기도 하였다*. 그리고 일본인이 경영하는 미용실에 근무하면서 일본인 손님들을 통해 다양한 커뮤니티를 소개받아 활동하고 있다.

최근 부산에 이주한 일본인 결혼이민자들에 관한 내용을 소결하자면, 이들은 현지 생활에 적응하기 위해 다양한 국내체류 일본인과의 비대면 커뮤니티 활동 외에도 일본에서의 본업을 부산에서도 유지하면서 안정적인 생활을 영위하였다. 또한 한국인 배우자의 일본에 대한 이해도가 일본어 사용에도 직결되면서 가정 내 의사소통이 일본어인 경우 한국에서의 생활에 만족도가 높았다. 다만, 한국 시댁과의 갈등, COVID-19로 인한 일본의 입국 제한 등으로 어려움이 있었으나, 서로 비슷한 처지에 있는 사람들과의 대면 또는 비대면 만남을 통해 해소해나가고 있었다.

저출산, 고령화에 따른 사회 전반의 어려움이 해외 이주자들을

---

* 일본인 관련 행사가 있을 때 기모노를 착용하거나 그에 맞는 화장과 머리 손질이 필요할 때 본인에게 의뢰가 들어와 관련 일을 수행한다.

수용하므로 어느 정도 해소될 여지는 있을 것이다. 한국은 이미 다문화사회로 진입하였고, 부산이 세계적인 이민자도시로 더욱 성장하기 위해서는 이주민들에 대한 소소한 관심을 기울이며 지역사회의 한 개인으로, 전 지구의 한 구성원으로 환대하는 따뜻한 마음으로 이들을 대해야 하지 않을까 싶다.

전지영

05
부산과 서발터니티[*]

1. 관문, 경계로서의 부산과 '서발턴'

　부산의 근대적 형성은 1876년 개항과 제국주의의 침탈, 세계 자본주의의 편입, 그리고 민족/국민국가로의 전환과 더불어 진행되었다. 개항은 전통적인 왕조 체제 아래 변방에 지나지 않았던 부산을 '이동/부동'과 '경계'라는 '관문성(關門性)'을 드러냄으로써 완전히 새로운 근대적 권력이 지배와 통치를 위해 주목하는 다중의 '경계 공간'으로 변모시켰다. 변방이면서 대외 관계에서만

---

[*] 이 글은 필자의 「관문 도시 부산과 '서발턴' 역사 연구의 필요성과 한계」(『석당논총』 87, 2023) 중 필요한 부분을 일부 수정하며 전제한 것임을 밝혀 둔다.

제한적으로 개방되던 부산이 남성 중심의 제국주의와 자본주의 근대 권력에 의해 전면 개방됨으로써 '전통' 조선으로 들어오는 입구일 뿐만 아니라 '근대' 세계와 만나는 출구가 되었다. 그리고 그 근대 권력에 의해 자의든 타의든 전통적인 왕조 국가에서 벗어나 세계 자본주의국가와 연결되는 근대 민족국가의 정체성 형성이 당연시되는 공간으로 변모했다.

그런데 남성 중심의 제국주의 및 자본주의 근대 권력과 접촉은 군사력에 의한 불평등한 상태(불평등조약)로 진행되었고 개항도 우리의 의도와 달리 강제적이었다. 따라서 첫 개항장인 부산에는 제국주의와 자본주의에 이미 포섭된 그리고 이를 대리하는 자유로운 일본인의 출입과 일본인 거주의 '租界'가 설정되면서 전통적 조선과 근대적 일본이 부딪히는 내부적 경계 공간(중층적 위계

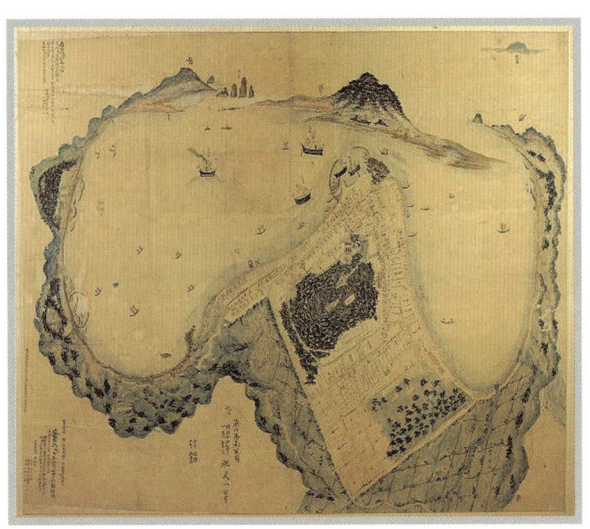

포산항 견취도(1881)

구조)도 형성되기 시작했다. 개항장을 통한 근대 세계와의 부단한 접촉과 정치·경제 방면에서 침탈하는 일본(인)에 의해 완전한 식민지로 장악당한 조선에서 풀뿌리 지배권력인 식민자 일본인들은 그들의 이해에 적합한 공간을 만들기 위해 부산도 경계 공간으로 새롭게 창출하고 확장했던 것이다. 그 결과, 이른바 부산은 제국과 식민지의 경계 공간일 뿐만 아니라 민족/인종적·계급/계층적·도농적·젠더적 위계가 중층적이고 강고한 다중의 경계 공간, 즉 끊임없이 분리, 배제하면서도 결합, 포함하는 '관문 도시'가 되었다.

중층적으로 연결된 이 경계 공간의 위계 관계를 단순화해 보면, 이른바 위계의 상위에 일본인, 자본가, 도시민, 남성이 위치했고, 그 하위에 조선인, 노동자, 농민, 여성이 피지배자, 타자, 소수자로 위치했다. 이는 공간적으로 '제국 일본과 식민지 조선'의 관계일 뿐만 아니라 '일본인사회 부산과 조선인사회 동래'의 관계이기도 했다. 물론 권력의 힘 때문에 자유로울 수는 없지만, 위계 하위의 피지배자, 타자, 소수자도 부분적이지만 '능동적인' 공간 점유를 통해 부산이라는 경계 공간인 관문 도시의 주체로도 형성해 나갔다. 그 주체성 형성의 한 단면이 민족적 계급적 주체로서 민족운동과 계급투쟁을 통해 저항하는 것이었다. 다만 관문 도시 부산은 제국주의와 자본주의에 의해 최상위의 민족적 위계와 이를 지탱하는 계급계층적 위계와 도농적 위계, 그리고 역사의 연속적인 측면에서 젠더적인 위계가 다층적으로 구축되었다. 즉, 식민지 시기 주체화된 조선인을 비롯한 위계 하위층과 그들의 존재 형태 및 기반은 민족/인종적·계급/계층적·도농적·젠더적 차이에 의한 차별과 위계화에 부합하는 것이었다. 권력에 의한 위계는 단순한 상하의 위계로 그치지 않고 다층화된 위계로 심화되었다. 따라서 주체화의 과정도 다층적이었다.

한편, 근대 권력은 그 외형상 민족/국민국가를 최상의 정치체로 규정했고 이에 따라 민족주의는 제국주의와의 대결에서 벗어나 독립 국가로 전환해서도 배타적일 수밖에 없었다. 일본의 패전과 해방으로 일본 제국주의에서 벗어난 동아시아에는 각각 민족국가의 수립이 추진되었다. 하지만 새로운 냉전체제에 의한 '신제국주의'로 말미암아 국가 내외의 차별과 위계화가 또 다른 방향에서 진행되었다. 일본인들이 본국으로 돌아가자 기왕의 민족/인종적 차별을 정점으로 한 관문 도시 부산은 탈식민적 상황과 냉전의 산물인 남북한이 대치하는 정치적 변동의 상황에서 난민의 발생, 그리고 이에 따른 선주민 대 이주민(귀환 동포, 월남민 등), 계급/계층적·산업/지방적 차이들이 본격화되거나 가시화되는 한편, 차별의 공간 점유도 재차 진행되었다.

더불어 신제국주의하의 냉전 이데올로기 대결이 본격화되면서 한국전쟁이 발발하자, 관문 도시 부산은 '지배자' 미군과 '피지배자'(피)난민들에 의해 기존의 공간을 넘어서는 과밀·과잉의 공간 점유가 진행되었다. 이 과정은 식민에서 냉전으로 전환된 동일한 가부장 군사·자본주의 권력이 새로운 권력적 기반과 억압, 배제되는 타자, 소수자를 양산하는 과정이었다. 그 대표적 장소로서 부산이 자리매김되었다. 즉, 부산은 임시수도로서 '(피)난민의 도시'가 되었으며, 이들 (피)난민은 비국민과 난민의 차등적 국민화와 젠더적 억압 및 배제가 본격화되었고, 전쟁 이후에도 지속되었다. 당연하겠지만 이와 같은 과정은 계급/계층적 위계와 젠더적 위계가 더욱 강화되는 과정이기도 했다. 여기서는 관문 도시 부산이라는 장소에서 전개되는 '경계 권력'과 그 지배와 통치에 따라 지배 질서의 하위에 포섭되거나 억압, 배제된 존재 형태를 민족과 계급을 포괄하는 좀 더 확장된 하위 주체로서 '서발턴'이라는 개념을 토대로 몇 가지 사례를 통해 확인하는 것에 그친다.

2. 자연의 파괴와 식민지화, 그리고 서발턴 존재

1876년 부산이 개항되자 일본인 거류지에 일본인들의 이주가 착착 진행되었고 이와 병행하여 일본과의 무역에 종사할 조선인들의 공간 점유도 동시에 이루어졌다. 주지하다시피 조선은 개항장을 통해 세계 자본주의와 접촉했다. 최초의 개항장인 부산은 일본과의 지리상 이점 때문에 대일 무역의 중심지로 부상했다. 점차 일본과의 교역이 심화되면서 이를 담당할 새로운 계층인 개항장 객주를 비롯하여 무역업에 종사하는 전국의 수많은 조선인들이 부산항 주위로 몰려들었다. '초량 객주', '북선 창고(남선 창고)'라는 말도 이때 만들어졌다. 한때 부산항에 드나들며 대일무역을 주도하던 객주의 수가 약 160명에 이를 정도로 번성했다. 부산항 객주는 물론 일본과의 무역에 종사하는 인원까지 포함하면 수백 명에서 수천 명을 헤아리는 조선인들이 초량(영주동)을 중심으로 인근의 부산진성 주위에 터를 잡고 일본인들과 교역에 종사하며 도시 공간을 점유해 나갔다. 계급계층적 위계가 심화된 것이다.

조선을 완전히 식민화하려는 일제에 의해 내륙 진출이 본격화되고 조선의 국권이 점차 상실되어가자, 객주를 비롯한 조선인 세력도 차츰 그 힘을 잃어갔다. 일부는 일본인 자본에 종속되거나 다른 업종으로 전환했으며, 또 다른 일부는 부산을 떠나야 했다. 게다가 조선이 을사늑약에 따른 반식민지, 강제적 병합에 따른 완전 식민지가 되자 부산의 일본인 인구도 비약적으로 증가했다. 1910년대 일본인 인구는 부산 인구의 약 50%까지 육박할 정도(1915년 총인구 60,804명 중 일본인 29,890명)까지 급속하게 증가(이후 1945년까지 20~40%를 유지)했다. 이로 인해 부산의 자연은 그들의 거주를 위한 주거지 개발로 파괴되어 갔다. 1900년대부터 서부(서구 방면) 및 북부(동구 방면) 신시가지가 계획되면서 기존의 자연은 파괴되는 한편, 조선인들은 다시 시가지로부터 점차 산허리로 올라가거나 외곽으로 밀려났다. 일본인 인구의 증가와 일본인 시가지의 확대는 자연의 파괴와 함께 부분적으로는 점차 일본인과 조선인 간의 '잡거의 공간'도 열었다. 그로 인해 초량 인근을 비롯한 일본인 진출 지역은 두 민족 간의 갈등·불화·저항 또는 협조·협력·순응하는 새로운 도시 공간이 되었다.

한편 1900년을 전후한 시기부터 본격적인 도시 공간의 창출과 확장이 기존 자연의 파괴와 새로운 '자연문화(인공물)'의 창조를 통해 진행되었다. 이른바 바다의 육지화였다. 즉, 북항 매축공사(1902~1909년), 영선산 착평공사(1909~1912년), 제1·2기 축항공사(1911~1925년), 부산진 매축공사(1913~1938년), 대풍포 매축공사(1916~1926년), 남항 매축공사(1926~1939년) 등 항만 매축공사가 추진되었다. 1921년부터 8년간 '제1기 부산시구개정사업'이 진행되었으며, 1926년 개항 50주년 기념에 따른 '대부산건설' 계획이 수립되었다. 그리고 1934년에는 '조선시가지계획령' 등 일련의 시가지 정비 사업이 이루어졌다. 이에 따라 영도 및 서면 일대에 새로운 도시 공간이 창출·확장되었다. 이곳에는 1920년대부터 각종 산업시설 및 공장(방직, 도기, 고무공업 등)이 설치되었고, 이에 필요한 노동자들의 유입이 진행되었다. 당시 토지조사사업으로 인해 토지에서 유리된 부산 인근 경남 지역의 수많은 농촌 인구가 유입되기 시작했다. 이들은 특히 공장지대인 영도와 서면을 중심으로 하는 산허리와 외곽 지역을 점유했고, 결과적으로 1936년 동래구 서면, 남구 일대, 사하구 송도까지 부산부의 행정영역이 확장되도록 추동했다.

관문이며 경계 지대인 근대 식민도시 부산은 일본을 위한 해륙연락기관이라는 미명 아래 자연을 파괴하면서 인적 물적 수송 등 항만을 둘러싼 다양한 개발(부두, 철도, 도로 등)이 일제강점기 내내 진행되어 이에 종사하는 노동자 도시가 되게 했다. 이들 노동자의 면면은 다양했다. 인근 농촌지역에서 유입된 농민들은 물론이고 다양한 노동자 계층이 존재했다. 그런데 이들 노동자 중에는 가장 하층의 중국인 쿨리도 관문도시 부산에 유입되었다. 노동계급 내에서도 위계화가 진행된 것이다. 한편 관문도시 부산은 대륙과 해양의 출입구이기도 하지만 물리적으로 육지의 경계로서의 위치도 점하고 있었다. 따라서 이 공간 내의 외곽은 격리의 공간으로도 활용되었다. 이른바 격리병원을 비롯해 혐오자 수용시설도 설치되었다. 구체적인 예가 개항기의 '피병원'과 일제강점기 '나환자촌'의 설치였다.

다른 한편, 조선 내 도시들이 주로 일본인 거주지를 중심으로 형성되면서 농촌에서 유입된 인구를 수용할 수 없게 되자 조선인들의 해외 이동도 늘어났다. 이에 부산은 일본으로 일자리를 찾아 도항하고자 하는 조선인들의 집결처가 되었다. 1930년대 후반까지 매년 10만 명 이상의 도항자(최대 하루 200명)를 기록하던 부산은 도항을 준비하는 조선인들의 한시적인 거주지로서 기능했던 것이다. 그러나 도항이 일본의 노동자 수급 상황에 따라 금지와 해제를 반복하자, 도항을 위해 부산으로 왔던 조선인들까지 부산에 거주하기 시작했다. 예를 들어, 1925년 10월부터 이듬해 12월까지 도항증명서 미비 등의 이유로 부산에서 도항이 금지된 인원은 당시 부산 인구와 비슷한 14만여 명에 이를 정도였다. 도항이 금지된 일부는 고향으로 돌아갔지만 대부분은 재차 도항의 기회를 기다리거나 고향으로 돌아갈 수 없는 처지로 말미암아 부산에 머무르며 도시의 최하층으로 생활을 영위했다. 또 다른 일부는 이와 같은 상황을 타개하기 위해 '불법적인' 밀항도 감행했다. 이 때문에 부산을 중심으로 밀항 브로커까지 활개치기도 했다.

도항과 밀항은 식민지 '인후(목구멍)' 도시로서 부산이 지닌 관문 도시적 특성('관문성')을 유감없이 보여주는 모습이라고 할 수 있다. 그런데 일본도 식민지와 본국 사이의 이동에 대해 서구 제국주의와 같이 불균등성과 '차이적 접근'을 드러내 놓고 노골화했다. 일본은 영토의 확장과 함께 제국/식민지라는 관계를 특유의 '내지(일본) 연장'과 그에 따른 '동화'라는 수사적 이데올로기를 동원하며 이전의 국가적 경계와 장벽이 없는 자유로운 이동을

부산과 시모노세키를 연결하는 부관연락선

표면적으로 전제했다. 하지만 제국과 식민지 즉, 일본과 조선을 내지와 외지, 법역과 법외역(국적법)으로 구분하여 공간적·민족적 차별을 이면화하면서 불균등한 이동을 심화시켜 제도화했다. 이는 곧 차별적 '재영토화'라고 할 수 있다.

나아가 일제는 자본(원료 및 노동력시장)과 전쟁(강제동원)을 기초로 식민지와 본국, 식민지와 식민지 간 (반)강제적 이동을 더욱 심화시켰다. 이른바 이동을 통한 폭력적인 '포섭의 차별적 관리'라고 할 수 있다. 이처럼 식민권력에 의한 '이동 체제'는 해역의 경우 매개 장치인 부산과 시모노세키를 왕래하는 부관연락선을 통해 구축했다. 결국, 조선과 일본 간 바다, 해양, 해역은 일제의 관점에서 확장되고 수직화된 영토의 연결을 의미하는 반면, 식민지 조선의 관점에서 제국적 위계질서에 기초한 차별적 재영토화를 촉진하는 심화된 불균등한 이동의 장소였다. 그리고 그 해역의 검문소인 수상경찰서와 '부관연락선'은 불균등한 이동장치라고 할 수 있다. 이 때문에 관문 도시 부산에는 도항자, 밀항자, 산업예비군, 나아가 '불온한 혁명가' 등이 일본인 중심 시가를 둘러싸고 거주할 수밖에 없는 상황을 연출했다.

또한 일제는 대륙 침략을 위해 1931년 만주사변을 시작으로 1937년 중일전쟁을 일으켰다. 나아가 1941년 태평양전쟁까지 확대하며 제2차 세계대전에 뛰어들었다. 일제는 부산항을 병참 수송의 군사기지로 활용하기 위해 부산항 군사 요새화를 추진했다. 그리고 진해에 있던 요새사령부를 부산으로 이전하고 적기만(우암동) 매축을 추진하면서 서면 외곽 및 남구 일대에 군용지를 만들고 군부대를 주둔시키기 시작했다. 더불어 부산항의 병참 수송 및 군사기지에 필요한 제반 시설 및 물자를 수용하기 위해 조선 각지로부터 조선인들을 강제로 징병, 징용하여 군부대, 군수회사 등에 배속시켜 병참 수송은 물론 군수 물자의 생산에 투입했다. 이로 말미암아 조선 각지에 수많은 조선인 청년들이 부산항으로 강제 동원되었다. 그 결과, 부산부는 1942년 부산부 영역을 동래구, 해운대구, 사하구를 포괄하는 형태로 확장했으며 지금의 기장군을 제외한 대부분의 지역을 아우르는 도시 공간을 형성했다.

3. 성의 착취와 가부장제 강화, 그리고 서발턴 존재

　개항과 통상, 그리고 식민지화는 전통 공간 부산을 근대 자본주의적 공간으로 변화시키면서 다양한 인종적 결합은 물론이고 성의 분화와 위계화도 초래했다. 일제강점기 중층적인 권력 관계하에서 여성의 존재 형태가 구축되고 있었다. 앞에서 언급한 도시의 여성으로 하층을 담당한 여공은 물론이고 유모, 보모, 하녀 등은 식민지-가부장-자본권력이라는 다중적 권력에 노출되어 있었다. 이를 상징적으로 보여주는 대표적인 사건이 1931년, 부산 초량의 철도국 관리 집에서 벌어진 '마리아 살인 사건'이었다.

　1931년 8월 1일, 일본인 철도국 관리의 집에 하녀로 삶을 영위하던 변홍례(마리아)가 비단 허리띠로 목이 졸리고 음부에 잔인한 자상이 남은 채 무참하게 살해되었다. 이 사건을 둘러싼 법정 소동이 1934년까지 이어지며 당대 식민지 조선을 '에로, 그로, 넌센스'의 한복판으로 밀어 넣었다. 잔인한 죽음으로 '말할 수 없는' 존재였던 이와 같은 여성들의 삶에 대한 식민지 가부장 자본 권력의 재현(재판과 무죄, 그리고 영구미제사건)과 남성 중심 민족주의의 전유(민족적 차별과 저항)가 아닌 서발턴 재현은 근대 이후의 남성 가부장 및 자본 권력과 젠더 관계를 확인할 때 비로소 그 실체를 부분적으로나마 확인할 수 있다.

　이를 좀 더 상징적으로 보여주는 것이 사회적 재생산의 영역('위안', '위문')이며 식민주의 남성문화라고 할 수 있는 유곽의 조선 도입과 공창, 성매매 여성의 존재라고 할 수 있다. 그런데 그 시작과 연속성을 확인할 수 있는 장소가 경계로서 관문 도시 부산이라고 해도 과언이 아니다. 즉, 개항장에 새롭게 등장한 것이 성매매업이었기 때문이다. 물론 성매매업은 전통 사회에서도 존재했지만 성매매업(유곽)과 허가 및 관리제도(규칙)를 갖추기 시작한 것은 개항을 통한 일본의 조선 침탈과 관련해서였다. 즉, 에도시기부터 번성한 유곽의 유녀와 해외까지 진출한 가라유키상 등이 조선에 정치·경제적 침탈을 위해 건너온 일본군과 일본인을 따라 진출하면서 성매매업이 동시에 시작되었던 것이다. 그렇기에 개항을 통해 진출한 일본군인 및 상인과 함께 이입된 식민주의 문화이기도 한 유곽은 일제강점기와 식민성을 이해하는 데 반드시 확인해야 할 대상이다.

일본의 조선 침탈을 위한 조일수호조규의 체결은 개항장이라는 특수한 공간으로 제한되기는 했지만 해안 조사와 자국민 보호를 위한 군함, 군대의 상시 정박과 일본인들의 자유로운 도한을 가능하게 했다. 다만 일본과 달리 잠시 거주하는 공간으로만 허가한 조선은 영구 거주할 수 있는 부녀자 동반을 처음부터 불허했다. 그래서 개항장에는 일본 군인과 상인 등이 증가했고 이에 따라 공공연하게 성매매가 자행되었다. 더구나 조선인 여성까지 끌어들여 양국의 심각한 문제가 되기도 했다. 일본은 개항장에서 불법적인 성매매를 관리하기 위한 조치를 취하지 않을 수 없었다.

1876년 2명에 불과했던 부산 거주 일본인 여성이 '부산구조계'가 설정된 1877년 25명으로 늘어났다. 일본은 '요리옥과 유사한 것을 창업하고 酌取女를 고용하는 자는 허가를 받아야 하는 건'

부산 미도리마치 유곽

(제18호)을 1878년 설정했다. 불법적인 성매매를 관리하기 위한 최초의 조치로 성매매업을 일본과 같이 공식적으로 허가한 것이었다. 곧, 1877년 조계 설정과 함께 유사 업종(요리옥, 음식점)보다 먼저 성매매업이 진출했다고 할 수 있다. 1881년 말에는 개항장인 부산과 원산에 각각 가시자시키(貸座敷)영업규칙, 예창기취체규칙, 매독(黴毒)병원 및 매독(黴毒)검사규칙을 발포하며 면허와 정기적인 성병 검사를 토대로 성매매업을 공식적으로 허가했다.

부산의 경우 매독 환자의 수가 줄어들면서 1887년 매독병원이 폐지되고 그 기능이 공립병원으로 이전하는 등 성병 관리는 어느 정도 가능해졌다. 다만, 성매매를 완전히 금지하지 않고 자체의 단속을 표방했기 때문에 성매매와 공창을 공개적으로 드러내는 '가시자시키'나 '창기'라는 명칭을 은폐할 필요가 있었다. 따라서

1890년 기존의 '예창기영업규칙'이 '예기취체규칙'(布제8호)으로 바뀌었고, 1891년 요리옥과 음식점에서 영업할 수 있게 했다(達제5호). 그러자 그동안 허가되지 못했던 인천에서도 1892년 '예기영업취체규칙'이 발포되었고, 서울에서도 1896년 예기 가업이 허가되었다.

그런데 기존의 가시자시키와 창기가 공식적으로는 폐지되었지만 요리옥과 예기에 포함되어 은폐되었기 때문에 불법적인 성매매는 여전한 문제로 남아 있었다. 더군다나 청일전쟁에 따른 군대의 주둔과 격증하는 일본인, 그리고 1897년 진남포, 목포, 1899년 마산, 군산, 성진 등 개항으로 성매매는 물론 풍기문란도 나날이 늘어났다. 또한 일본에서 전개된 폐창운동으로 말미암아 1900년 '창기취체규칙'(외무성령 제44호)이 제정되었다. 이제 지역마다 다른 규칙이 통일되고 폐업과 창기의 자유가 신장되어 연령이 18세로 상향되었다. 결과적으로 폐창을 원하는 자가 늘어나면서 어려워진 성매매업자들은 조선으로 영업망을 돌렸다.

지금까지 불법적인 성매매와 성병 관리를 위해 개항 초기 일부 지역에서 제한적으로 허가하여 유지하기도 하고, 일부 지역에서 허가하지 않아 음성화되던 성매매업을 더 이상 제한할 수 없게 되자, 각 지역 일본영사관은 이를 점차 공식화하기 시작했다. 이른바 공창제가 일본인이 거주하는 조선 전역에서 본격화된 것이다. 그 시작은 당연하게도 개항과 동시에 성매매업이 진출했고 제도적으로 공식화되었던 부산이었다. 결국 유곽의 발달은 식민주의와 가부장제의 결탁이며 따라서 조선인 여성까지 포함하는 형태로 발달해, 카페, 다방, 술집 등으로 확대되면서 식민지 가부장제 사회를 지탱하는 한 축이 되었다. 이와 같은 상황이 일본군 위안부, 한국전쟁 시기 양공주(특별 카페 등), 그리고 집창촌 등의 토대가 되었다.

4. 탈식민과 열전 및 냉전체제, 그리고 서발턴 존재

일제의 전쟁 동원과 함께 확장된 도시 공간은 해방과 더불어 일본군 철수를 위해 진주한 미군(미 24군단 6사단 및 40사단)에 의해 일부 점유되었다. 다른 한편, 일본 등 해외 이주 및 일본·대만·동남아시아·남양 등지에 강제 징용, 징병되었던 조선인들의 귀환에 의해 다시 도시 공간이 점유되기 시작했다. 해방 당시 부산 인구는 28만여 명이었지만 1949년에는 50만 명에 육박할 정도로 증가했다. 적어도 20만여 명의 '귀환 동포'가 부산에 거주했던 것이다. 귀환 동포들은 일본인들이 활용한 주거 및 비주거 공간을 차지할 뿐만 아니라 집단적으로도 도시 외곽 공간을 점유했다. 당시 그들의 집단 거주지는 범천동, 범일동, 당감동, 문현동, 우암동 일대였다. 이들 지역의 대표적인 공간은 말막사와 소막사 등 군용시설지였다. 따라서 해방 공간의 부산은 식민자 일본인의 출구였고 피식민 유출 조선인의 입구였지만 중심 시가는 연합군으로 진주한 미군이, 그 밖의 일본인 적산은 부산 거주민이, 이들 밖의 변두리와 쓸모 없는 공간은 귀환 동포가 차지하는 구조로 재편되었다.

우암동 소막마을 전경(1951)

여기에 더해 1950년 발발한 한국전쟁은 부산을 구호와 원조의 유엔기구와 정부가 이전한 '피란수도'이자, 피난민 등을 수용하는 거대한 수용소 도시로 만들었다. 약 50만 명의 피난민을 부산에 집중토록 하여 부산의 도시 공간은 포화를 넘어 과밀·과잉에 이르렀다. 부분적으로는 피난민을 산간과 외곽의 빈 공간으로 분산 배치함으로써 도시 공간의 확장도 이끌었다. 이들 피난민 중 약 20만 명 정도는 부산 외곽에 집단으로 분산 수용되었고, 약 30만 명 정도가 도심에 유입되어 주로 대청동, 보수동, 영주동, 대신동, 아미동, 초량동, 수정동, 좌천동 등지의 산동네에 판자촌을 이루며 거주했다. 전쟁이 소강상태에 접어들면서 고향으로 돌아가는 피난민들도 있었지만, 고향을 이북(피난민의 약 1/3)에 두었거나 고향으로 돌아갈 여력과 의미가 없는 여전히 많은 피난민이 부산항을 중심으로 인근 산허리와 그 외 공지 및 수용소(우암동, 영도, 괴정)에서 생활했다.

한편, 부산으로 피난 온 사람은 한국인만이 아니었다. 식민지 시기 조선인과 결혼한 일본인 처들도 부산으로 피난 왔고, 이들은 초량 인근의 소림사에 집단 수용되었다. 본국으로 돌아갈 수도 없는 '포스트식민'의 담지자들이었다. 이들은 이후 괴정의 또 다른 외국인 수용시설로 옮겨졌고 경남 외곽의 집단 거주지로 옮겨가면서 이 외국인 수용시설은 한일 관계의 악화에 따라 평화선을 넘어와 납포된 일본인 어부들의 수용소(일본의 한국인 수용시설은 오무라수용소와 같은 형태)로도 운영되었다. 이러한 경험은 부산이 지닌 관문 도시로서의 성격으로 인해 이후 수용과 추방의 경계에서 다양한 난민 수용소(베트남 등)가 설치되는 공간으로도 활용되었다.

한국전쟁은 피난민과 함께 수많은 고아, 부랑아, 유랑자, 상이용사, 과부들을 양산함으로써 이들을 수용하는 시설들이 부산의 시내와 시외 곳곳에 설치되었다. 이들 시설은 피난민 수용시설과 유사했고 따라서 관문도시 부산은 거대한 수용소로 기능했다. 이와 같은 수용시설은 전후에도 여전히 이어져 한국 현대사의 비극을 낳은 인권 유린의 장소로서 지금까지 문제가 되기도 했다.

또한 전쟁포로들도 시 외곽에 설치된 수용소에 수용되었으며 수용 생활 중 사망한 자들의 묘지도 유엔군 묘지와 함께 조성되었다. 물론 정전과 함께 포로들은 북한으로 돌아가거나 중립국에 수용되기 위해 임시로 거처하기도 했으며, 수도가 서울로 이전하자 피난민 또한 고향으로 옮겨갔다. 그럼에도 불구하고 여전히 남아 있는 이와 같은 거대한 수용시설들은 대화재 등 도시 사회 문제가 되었다. 그 결과 부산항을 중심으로 집중된 인구는 1960년대 초반까지 패법동, 괴정동, 구평동, 감만동, 청학동, 동삼동, 양정동, 연산동, 대연동, 전포동 등지로 분산 배치되어 이주민 주거지가 되었다. 1960년대 후반에는 다시 동래구 서동, 해운대구 반송동 등 8개 지구(신평동, 장림동, 당리동, 연산동, 서동, 반송동, 대연동, 망미동)에 영주동 및 수정동 산동네와 충무동 등의 거주민들을 이주시키며 원도심의 도시문제를 해결하고자 했다. 그리고 피난민들을 집단 이주시킨 부산항 주변의 산동네에는 연립주택과 서민아파트 또는 시영아파트를 건설해 도시 경관을 어느 정도 갖추게 되었다. 관문도시 부산의 시가지 정비와 확대 그리고 이주민의 수용 등은 한국전쟁이라는 냉전의 산물이었다.

이상과 같이 부산은 일본 제국주의와 부산 거주 일본인들에 의해 근대 식민도시의 일환으로 계획되어 형성되었고 해방 이후 열전과 냉전체제에서 정치적 귀환 동포와 피난민들을 수용하는 한편, 전후에는 사회적 난민, 이주민 등이 수용되고 위계화된 관문이며 경계지대인 근대 도시였다. 그리고 그 경계 공간에서 가장 활발하게 복무하는 권력의 위계 아래 또는 권력의 폭력에 순응하기도 하고 저항하기도 하는 한편, 가시화되기도 하고 비가시화되기도 하는 다양한 서발턴으로 존재할 수밖에 없었다.

그런데 근대 권력에 의해 형성된 부산과 서발턴 존재는 근본적으로 인간중심주의라는 또 다른 차원의 근본적인 문제점을 내포

하고 있다. 즉, 인간 사회의 위계질서와 그 불평등성에 대한 문제 제기와 해결이 궁극적인 목적이기 때문에 인간중심주의에서 벗어날 수 없다. 최근 '신유물론'은 인간과 물질 또는 비인간, 문화와 자연이라는 이분법적인 근대 인식이야말로 가장 권력적인 인간중심주의라고 문제 삼고 있다.

근대 역사에서 남성중심주의와 제국주의가 자본주의와 결합해 여성과 식민지를 착취했다면 이 인간중심주의는 자본주의와 결합해 자연을 착취했다. 이른바 근대 권력은 자연과 여성, 그리고 식민지를 착취한 토대 위에 지금도 군림하고 있는 것이다. 나아가 계속되는 착취의 심화로 그 착취의 흔적이 지구에 강하게 각인되고 있는 상태이다. 그 때문에 지질학적, 지구시스템적, 그리고 인간과 자연의 관계에서 인간이 지배하는 현시대를 인류세 또는 자본세라 명명하며 지구 멸망이라는 암울한 미래를 예견하고 있다. 최근의 팬데믹이나 기후 위기 등이 그 징후이다.

그렇다면 부산과 서발턴 존재도 인간 중심을 넘어 물질(비인간), 자연과의 관계를 묻는 것까지 확장될 필요가 있다. 즉, 서발턴이 아니라 서발터니티를 탐구하는 것이다. 이 과정은 관문 도시 부산에서 억압, 배제되어 주체, 객체, 비체화된 것이 인간만이 아니라 자연과 물질(비인간)도 있음을 확인하는 과정일 것이다. 그래야만 권력과 서발턴, 그리고 근대의 실체를 보다 더 명확하게 확인할 수 있지 않을까. 또한 비인간 및 자연과 함께 만들어 온 수많은 역사를 전면으로 드러내 그 의미를 제대로 파악할 수 있지 않을까.

전성현

06
경계짓기(장벽 쌓기)와 경계넘기(환대하기)
-부산 이야기

    우리가 일상에서 자주 쓰는 표현들 중 하나는 '(경계)선(線)'과 관련이 있다. (경계)선을 넘다. (경계)선을 긋다 등등… 사전적으로 경계(선)는 '사물이 어떤 기준에 의해 구분되는 한계'를 의미하는데, 이때 사전이 말하는 바는 지리적 또는 공간적 구분이다. 압록강과 두만강을 기준으로 북한과 중국이 구분되는 것이 그 예다. 그런데 인간사회에 존재하는 ―부정적 의미에서의― 경계의 대부분은 지리적 경계가 아니다. 국경으로 대표되는 지리적 경계는 긍정적이지도 부정적이지도 않다. 하지만 종교, 문화, 인종, 민족, 계층, 세대, 젠더, 이데올로기 등에 가로놓인 무형의 경계선은 많은 경우 갈등, 분쟁, 차별, 편 가르기, 배척, 배제, 폭력 등과 연결되어 있다. 그리고 이때의 경계는 단순한 구분선이 아닌 '장벽'이 된다. 이런 관점에서 생각해볼 때 부산은 어떨까. 부산은 장벽이 많고 견고한 곳일까. 어떤 지역성을 가지고 있는 곳일까. 먼저 역사적, 지리적으로 형성된 부산의 성격과 특징이 무엇인지 규명해보자.

부산 지역성의 형성 요인과 그 과정[*]

1) 시간-역사적 요인

부산은 전통적으로 중심에서 오랜 기간 동안 정치, 경제, 사회, 문화적으로 멀리 떨어져 존재해왔다. 오늘날 부산의 역사문화적 원류는 동래인데, 동래는 일본(왜구)의 침략을 방어하기 위한 조선 동남부의 대표적 군사도시로서의 성격이 강했다. 동래읍성, 금정산성, 부산진성, 다대포성이 대표적 사례다. 이런 맥락에서 볼 때, 경상좌수영 역시 ―오늘날의 울산으로 이전했던 잠깐의 기간을 제외하고― 오랜 기간 동안 동래에 위치했다. 방어거점, 군사중심의 역사문화는 부산의 하층성 및 민중성으로도 연결된다. 유림의 주류 사대부, 권문세가, 고위관료보다는 하급무관과 민중 중심의 도시가 바로 부산 동래라 할 수 있다. 그리고 이러한 부산 특유의 민중성은 후일 부마항쟁으로 이어지기도 했다.

---

[*] 이 부분은 필자의 글 「부산의 장소성과 장소기반 시민교육」, 『동아시아 시민성을 향하여-부산형 민주시민교육의 모색과 전망』(도서출판 소요유, 2021)의 일부 내용을 가져온 것임을 말해둔다.

동래와 달리, 동래에서 멀리 떨어진 현 부산의 원도심 지역에는 왜관이 설치되어 존재했다. 조선-일본 간 공무역을 위해 일본인들이 상주하고 있었고 일본인들의 자치조직도 존재했는데, 임진왜란 때 폐쇄되었다가 후일 일본인들의 요청으로 재설치되었다. 이것이 영도와 두모포를 거쳐 용두산 아래에 설치된 초량왜관이다. 오랜 시간 동안 왜관의 존재로 인해 부산은 외국인, 외래 문물과 문화에 대한 개방성, 수용성, 실리적 성격을 형성하게 되었다. 초량왜관은 부산의 개항 후 일본인들이 각 영역의 자치권을 갖는 전관거류지로 변모하였고, 일본인들에 의해 매축 및 항만-철도-공업 건설 후 근대 부산의 역사가 시작된 곳이다.

이처럼 부산은 일본과 가장 근접한 지역으로서 일제의 동북아 대륙 침략의 교통-물류군사적 전초기지로 기능했다. 이로 인해 그 어느 도시보다 근대적 성격이 강하게 나타나게 되었다. 그리고 해방을 계기로 일본, 만주, 동남아 등에서 온 귀환동포, 한국전쟁기 피란민, 1960년대 한국 동남부의 경공업 중심 역할 이후 외지인들에 의해 형성된 도시가 바로 부산이다. 특히 1970년대 들어, 기존의 경공업을 넘어 중공업까지 가세되어 철강, 조선, 목재, 고무-신발산업이 1980년대까지 크게 번성했다. 이후 1990년대에 접어들면서 부산의 산업은 쇠퇴하기 시작한다.

2) 공간-지리적 요인

부산은 입지적으로 한반도 북부에서부터의 산악축과 바다가 만나는 지대, 고속도로와 철도의 시점 및 종점이란 특성으로 근대 이후 사람, 물자, 정보, 문화 등이 몰려들었다. 이로 인해 사회적 및 문화적 다양성의 원천이 되기도 하였다. 여기서 한반도의 끝이란 점에서만 보면 지리적으로는 최끝단일지도 모르지만, 다른 각도에서 보면 정보와 문화의 유입 등에서 개방적이고 수용성이 높다. 지리적으로는 한반도의 끝이었지만, 정보-문화-문물의 수입에서는 최끝단이 아닌 최선봉이었던 셈인데, 그런 점에서 볼 때 텔레비전 등 일본의 가전제품이 가장 먼저 수입된 곳도 부산이었고, 일본 잡지가 가장 먼저 유행했던 곳도 부산이었으며, 일본의 가라오케 문화 역시 부산이 가장 먼저 수용하여 전국적으로 노래방 문화를 확산시켰다. 이처럼 부산은 바다를 통한 교류와 혼종성을 가진 도시였고, 지리적으로 일본성을 갖고 있기도 하다. 그 결과 개방성과 동시에 외세침략의 저항으로 인한 내향성 및 폐쇄성이 공존하는 곳이 부산이다.

　한국전쟁 이후 부산은 지속적인 외부유입으로 인한 인구 고밀도와 난개발, 기형적 도시구조의 형성을 경험하게 된다. 일제강점기였던 1930년대 후반과 1940년대 초반에 부산은 최대 70만 명 정도를 수용하는 도시로 계획되었지만, 해방과 함께 귀환동포들이 물밀 듯 부산으로 몰렸고, 한국전쟁 기간에는 전국의 피란민들이 부산에 집중된다. 이로 인해 해방 당시 30만 명가량의 부산 인구가 100만 명을 넘어서게 되었다. 부산의 고질적인 인구과밀, 공간과 인프라의 부족 문제는 이때부터 시작되었다. 이후 박정희 정부 시기 1960년대 들어 부산이 한국의 동남권 경공업 중심도시의 기능을 맡게 되면서 영남의 농촌인구들이 일자리를 찾아 또다시 부산으로 대거 이주했고, 한국전쟁 및 산업화 시기 외지인들의 대거 유입과 이주로 인한 거주공간의 부족으로 부산 전역에

산비탈 무허가 주거지대가 형성되었다. 오늘날 부산의 문화·관광상품 및 도시재생의 대상이 되는 산복도로가 형성된 배경이 그것이다.

3) 변화 혹은 변색

부산의 서민성 혹은 민중성은 역사성 및 지리성과도 일부 연관되어 있다. 전통적으로 고위 관료, 권력층, 권문세가, 대지주 가문 등이 많은 지역이 아닌데다, 한국전쟁 이후 정치, 사회, 경제적으로 하위에 위치한 외지인 및 이주민에 의해 형성된 도시기에 그렇다. 그로 인해 부산은 서민, 하층민, 민중적 성격이 짙은 곳이었다.

그런데 1980년대 이후 급속한 경제성장으로 인해 부산이 지니고 있던 사회적 및 사회문화적 개방성, 수용성, 다양성이 희석되고 변화하기 시작한다. 이에 더해 1990년대 신자유주의적 국가발전전략과 정책으로 인해 대한민국의 거의 모든 자원들의 서울 집중화가 진행되는데, 그 결과 중심과 주변, 서울-수도권과 부산 간에 격차와 불균형이 급속도로 심화되었다. 이로 인해, 부산은 급격히 개방성, 다양성, 활력, 개성을 상실하고 보수성, 내향성, 폐쇄성이 강하게 나타나게 되었다.

앞에서도 여러 번 언급했듯이, 부산은 원주민이 아닌 외지인들에 의해 형성된 도시다. 개방성, 수용성, 다양성, 혼종성, 활력성 역시 부산의 이러한 역사와 입지조건에 따른 인적구성적 특성에 기인한다. 하지만 1980년대 서울-수도권으로의 집중화가 심화되면서 부산이 사회경제적으로 주변부로 떨어지게 되었고, 그로 인해 생겨난 주변부 의식, 콤플렉스, 소외의식, 차별의식은 부산 주민들로 하여금 애향성, 내향성, 폐쇄성, 부산 중심성, 공격성, 보수성을 갖도록 만들었다. 이는 또한 타자(특히 외지인, 비주류, 소수집단 등)에 대한 이해, 공감, 수용, 환대 등을 가로막는 심리와 행태로 이어지게 된다.

그 외 한국전쟁의 요인도 중요하게 다루어야 한다. 전쟁의 경험과 기억이 만들어낸 잠재의식과 기질적 특성을 키워드로 정리해보자면 아마도 혼란, 아비규환, 궁핍, 생존, 강인함 등이 될 것이다. 이런 전쟁의 경험 및 기억에서 비롯되고 형성된 잠재의식은 부산 곳곳의 인공물과 조형물에 반영되어 있다. 엄청난 위용을 뽐내는 50층 이상의 고층건물들이 가장 많은 도시가 ─서울이 아닌─ 부산인 것도 우연이 아닐 테고, 또한 허남식 부산시장 시절의 슬로건인 '크고 강한 부산'에서도 이는 잘 드러난다.

혼란과 궁핍 속에서, 내일을 예측할 수 없는 상황 속에서 살아남으려 몸부림치다 보니, 타자에 대한 이해와 공감에 필요한 심적, 시간적, 실천적 여유가 생길 수 없었으리라. 이러한 여러 배경과 요인들로 인해 부산은 낯선 자, 타자, 나와 상관없는 자들에 대해 열려 있지 않고, 호의적이지 않은 지역성을 지니게 되었으며, 특히 비주류적이고 취약한 자들이 살아가기에 팍팍하고 험악한 도시로 변모하게 되었다고 말할 수 있다.

부산의 지역성: 장벽도시, 취약한 자들을 환대하지 않는 도시

2019년 부산의 문화다양성 실태 파악을 위해 부산시민 1,200명을 대상으로 설문조사를 실시하였다(15~79세 부산 시민 중 성, 연령, 지역에 비례하도록 표본을 추출). 주요 인식지표 중 하나인 '소수집단 수용도' 측면에서 보면 성소수자, 장애인, 새터민, 외국인주민(외국인 노동자, 결혼이주여성 등) 등에 대한 부산의 수용도가 전국 대비 모두 낮은 것으로 조사되었다.

새터민, 장애인, 성소수자, 외국인주민 수용도를 점수화하면 다음과 같다. 새터민 수용도 부산 3점(전국 평균 3.8점), 장애인 수용도 부산 3.1점(전국 평균 3.8점), 성소수자 수용도 부산 3.5점(전국 평균 4점), 외국인주민 수용도 부산 3.1점(전국 평균 3.6점)이었다. 모든 항목에서 전국 평균에 비해 부산이 0.5~0.8점가량 낮았다.

부산 시민들의 소수집단 수용도가 낮다는 것은, 부산 시민들이 문화다양성의 개념에 대한 이해가 부족하거나, 혹은 소수집단 차별에 대한 민감성이 낮아 차별이라는 점을 인식하지 못하고 있는 것이라 해석할 수 있다.

각 소수집단이 사회로부터 차별받고 있다고 응답한 비율에서 볼 때, 부산은 전국 평균에 비해 매우 낮다. 예컨대, 장애인 차별에 대한 인식 비율이 전국 평균 73%일 때 부산은 38% 수준, 새터민 차별에 대한 인식 비율이 전국 평균 59%일 때 부산은 28% 수준으로 매우 큰 격차를 보이고 있다. 결론적으로, 부산 시민들은 소수집단에 대한 차별에 둔감하다고 말할 수 있다.

부산의 소수집단 중 가장 수용도가 낮고 접촉경험이 적은 집단은 '새터민', '난민', '성소수자'로 조사된다. 외국인 접촉률은 약 10%, 새터민, 난민, 성소수자 집단과의 접촉률은 극히 미미하다. 또한, 외국인에 대한 수용도와 관련하여 외국인 유학생에 대해서는 상대적으로 높지만, 외국인 노동자에 대해서는 낮은 결과를 나타냈는데, 이를 통해 같은 외국인이라도 출신이나 경제적 상황에 따라 차별적으로 인식하고 있다는 점을 확인할 수 있다.

또한 성 평등에 대한 인식이 낮은 편으로 나타났다. 중요한 업무를 처리할 때 동료 혹은 구성원의 성별은 상관없다고 대답한 비율이 전국 평균 82%였으나, 부산은 73%에 그쳤다. 부산의 연령대·성별 집단 중 30대 남성이 다른 집단에 비해 여성에 대한 인식이 부정적인 편이다. '남성이 여성보다 기업 최고경영자로서 일을 더 잘 한다.'는 문항과 '엄마가 직장에 다니면 아이들이 피해를 본다.'는 문항에 대해 '그렇다'고 응답한 비율이 여성보다 30대 남성이 최대 30% 이상 더 높은 것으로 나타났다. 즉, 부산의 30대 남성은 다른 연령대·성별 집단보다, '여성은 일이 아닌 육아를 해야 한다'는 가부장적인 가치관을 따르고 있음을 보여준다.

이처럼 여성, 이주민, 장애인 등의 '취약한 자들을 환대하지 않는 도시'라는 측면에서 부산이 지닌 여러 지역성 중 하나를 설명하고 드러낼 수 있다. 하지만 이런 양상만 존재하는 것은 아니다. 다른 한편에서는 변화의 움직임과 모습도 존재하는데, 우리는 여기에서 희망을 볼 수 있다.

부산의 경계넘기(환대하기) 장면 1:
교통약자를 위한 도시환경의 조성

배리어프리(Barrier Free, BF) 디자인의 개념은 1974년 '유엔 장애인 생활환경 전문가 회의' 보고서에서 처음 등장하였다. 고령자, 장애인 등 보행·이동·교통약자의 외부활동이 용이하도록 건축물과 시설을 디자인하는 것을 말한다. 우리가 쉽게 접할 수 있는 경사형 도로, 점자블록, 저상버스 등이 배리어프리 디자인의 가장 기본적인 사례가 된다.

그동안의 도시, 건축, 시설의 설계와 디자인은 비장애 성인 남성을 기준으로 삼았기에 장애인·노인·어린이 등의 약자는 접근하기가 어려울 수밖에 없었다. 사회 구성원 모두가 편리하고 안전한 삶을 누릴 수 있도록 공공디자인의 역할과 무게가 그 어느 때보다 중요해진 요즘, 부산시는 배리어프리 도시 조성을 위해 노력을 기울이고 있다.

부산시가 배리어프리 디자인의 중요성에 주목한 데는 두 가지 이유가 있다. 먼저, 부산시는 지난 2021년 7대 특·광역시 가운데 처음으로 인구의 20% 이상이 만 65세 이상인 초고령사회에 진입했다. 그리고 부산의 초고령화 속도는 더욱 빨라질 것으로 예상되는 상황이다. 이처럼 보행·이동·교통약자인 노년층이 다수를 점하는 상황에서 배리어프리 디자인의 필요성이 대두하였다. 또한, 부산시는 부산국제영화제, 부산비엔날레 등 굵직한 문화·산업·예술계 행사가 개최되는 세계적인 관광도시이기도 하다. 이에 따라 부산은 보행·이동·교통약자를 배려하는 도시환경의 구축이 필수적이다.

　부산시가 추진하는 배리어프리 관광환경 및 콘텐츠 확충 가운데 대표적인 것은 '모두의 광안리 해변 조성 사업'인데, 모두가 편안하게 쉬고 즐길 수 있는 해변으로 바꾸는 것을 핵심으로 한다. 해수욕장을 따라 이어지는 약 1.4km 길이의 산책로에는 진입 턱, 가파른 경사가 없으며, 성인 키 높이에 맞춰 설치되어 있던 기존의 편의시설은 어린이를 비롯해 모든 사람이 이용할 수 있도록 높이를 조정하여 재설치했다. 특히, 해바라기길은 유아차나 휠체어를 타고서도 바다 가까이에 접근할 수 있도록 모래사장 위에 조성한 길로 이용자들의 호응을 얻고 있다.

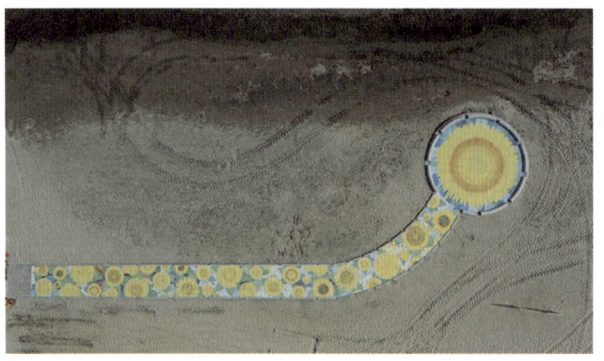

부산시 '모두의 광안리 해변 조성 사업' ©부산시 수영구청 도시관리과

　또한 부산시는 국토교통부가 추진한 스마트시티 챌린지 사업의 하나로서 무장애 교통환경 조성에 노력하고 있다. 교통약자의 맞춤형 길 안내를 돕는 배리어프리 내비게이션, 교통약자들이 특별차량이나 대중교통 이용 시에 대기할 수 있는 배리어프리 스

테이션, 대중교통 이용이 불편한 지역 간의 교통수단을 지원하기 위한 승차 공유 플랫폼 등을 주요 내용으로 한다.

부산시 스마트시티 챌린지 사업의 참여 기업인 '닷'은 장애인을 위한 배리어프리 키오스크를 개발하였는데, 이는 부산 지하철 전역에 설치된다. 배리어프리 키오스크는 시각장애인을 위한 디지털 촉각 지도 및 음성안내가 지원되며, 청각장애인을 위한 수어 영상과 큰 글씨가 제공된다. 또한, 센서 인식을 통해 휠체어 사용자나 어린이가 접근하면 모니터가 높낮이를 자동 조절하게끔 설계됐다. 그 외에 고령자, 영유아 동반자, 외국인 등을 위한 여러 편의기능도 탑재하고 있다.

배리어프리 키오스크가 부산시 지하철역에 설치된 모습
ⓒ주식회사 닷

부산의 경계넘기(환대하기) 장면 2:
경계선 지능인(느린 학습자)을 위한 제도의 구축

서울시는 제도적 및 정책적 지원의 사각지대에 놓인 '경계선 지능인'을 위해 전국 최초로 지원 조례안을 제정(2020년 10월)하고 '경계선 지능인 평생교육 지원센터'를 개관하였다(2022년 6월). '느린 학습자'라고도 불리는 '경계선 지능인'은 지적장애는 아니지만 지능 발달 정도를 나타내는 지수(IQ)가 71~84점에 해당하는, 장애와 비장애인 경계에 놓여 있는 이들을 지칭한다. 이들은 학습이나 사회화 과정에서 어려움을 겪게 되는데, 기본적인 통계자료조차 미비하기에 각종 지원 제도과 정책의 사각지대에 놓여 있다.

서울시에서 시작한 경계선 지능인 지원센터의 핵심 업무는 생애주기별 맞춤형 평생교육 프로그램 개발 및 운영, 경계선 지능인에 대한 체계적 지원을 위한 연구활동 등이다. 청소년의 경우에는 기초 학습 능력 향상, 사회성 향상, 진로탐색 관련 프로그램을, 청년의 경우에는 사회성 향상, 생활교육, 직업훈련, 문화예술 관련 프로그램 등을 제공한다. 또한, 경계선 지능인 당사자와 가족에게 병원 및 상담 센터와 연계를 통한 심리·상담 서비스를 제공한다.

이외에도 서울시는 경계선 지능인 대상 지원 시스템의 구축을 위해 25개 자치구, 평생학습관, 복지관, 교육복지센터, 청소년상담복지지원센터, 대안학교, 청소년시설 등 유관기관들과의 네트워크도 구축해가고 있다. 그리고 서울시를 시작으로 광주광역시,

경기도, 강원도, 경북도 등의 광역자치단체가 경계선 지능인 지원 조례 및 제도와 정책을 마련하였다.

서울특별시 경계선 지능인 평생교육 지원센터

부산시는 이들 광역자치단체보다는 시기적으로 늦었지만, 최근 들어 경계선 지능인 지원을 위한 움직임을 보이고 있다. 연제구는 2022년 12월 부산시 최초로 경계선 지능인을 위한 '느린학습자 평생교육 지원 조례'를 제정하고, 2023년 3월부터 본격적으로 '느린학습자 평생교육 지원사업'에 착수하였다. 연제구의 이러한 움직임은 부산시보다도 한발 앞선 것이다. 제4차 연제구 평생학습도시 중장기 발전계획에 의거, '누구도 소외되지 않는 다배움 사업'의 일환으로 '연제구 느린학습자 평생교육 지원 사업'을 단계별로 추진하고 있다. 연제구는 지역 내 느린학습자의 현황 파악과 통계 분석을 위해 다양한 기관들과의 네트워크를 구축하고, 부산교대와 부산경상대 등 연제구 소재 대학교의 자원봉사 동아리와 연계하여 아동·청소년 느린학습자 멘토링 등의 지원사업을 추진하는 계획을 세운 바 있다.

연제구를 시작으로 부산광역시교육청은 2023년 3월, '경계선 지능 및 난독증 학생 지원에 관한 조례'를 제정하였고, 뒤이어 동년 4월에는 부산광역시의회가 '부산광역시 경계선 지능인 지원에 관한 조례'를 제정하였다. 부산시 차원에서 경계선 지능인 지원을 위한 전문적이고 실질적인 제도 마련을 위한 법적 기틀을 마련한 것이다. 이후 강서구, 수영구, 동구 등의 자치구가 지원 조례의 제정, 지원 제도와 프로그램의 개발 작업에 착수하게 되었다. 예컨대 수영구는 지난 2024년 3월, 경계선 지능 청년을 지원하기 위해 부산대학교 평생교육원과 업무협약을 체결하였다. 부산대 평생교육원이 개발한 경계선 지능인 전용 교육 프로그램을 수영구 내 각 기관에서 진행할 예정이다.

물론 가야할 길은 아직 멀다. 연제구, 강서구, 수영구, 동구 등을 넘어 부산의 모든 기초자치단체들이 경계선 지능인 지원 사업에 참여해야 하고, 부산시 차원과 몇몇 구 차원에서도 지원 조례의 제정과 기초계획의 수립, 지원 프로그램의 시행 등의 초보적

국민정책디자인 대회에서 청년 경계선 지능인을 주제로 수상한 수영구(좌)
수영구-부산대 평생교육원 업무협약식(우)

단계와 수준을 넘어서, 관련 예산의 편성과 집행, 구체적인 정책의 발굴 및 지속적인 시행이라는 쉽지 않은 과제가 남아 있다. 더 나아가 시와 자치구, 교육청 및 각급 학교, 민관 차원의 복지기관, 사회단체와 주민조직 등을 위시한 시민사회 전체 간의 유기적이고도 체계적인 협업 시스템과 네트워크의 구축과 실행은 한층 더 어려운 일이 될 것이다. 하지만 주목받지 못하고 사각지대에 있는 약자들을 지원하고 이들과 연대하기 위한 작은 걸음이 부산에서 시작되었다는 사실에서 우리는 희망을 발견하게 된다.

경계를 넘어서 환대하기

미국에서 태어난 히스패닉계 작가, 문화이론가, 그리고 페미니스트 운동가였던 글로리아 안잘두아. 온전한 미국인도 멕시코인도 아니었던, 그리고 온전한 여성으로 취급받지도 못하는 레즈비언이었던 그녀는 평생 경계인의 삶을 살았다. 그녀는 1987년 출간된 자신의 책 『Borderlands/La Frontera: The New Mestiza』에서 아래와 같이 말한다.

> 안전한 공간(safe spaces)은 없다. … '집'에 머무르면서 우리 자신이 속한 집단 밖으로 나가지 않는 것은 상처에서 기인한 것이며, 우리 자신의 성장을 가로막는다. 다리를 놓는다는 것(to bridge)은 우리의 경계를 느슨하게 함을, 타인에게 자신의 빗장을 걸어 잠그지 않음을 의미한다. 다리놓기는 내부와 외부 모

두에 존재하는 낯선 이들에게 문을 여는 일이다. 문턱을 걸어 나가는 것은 안전이라는 환상을 버리는 것인데, 왜냐하면 이는 우리를 낯선 영토로 데리고 가서 안전한 길을 허락하지 않기 때문이다. 다리를 놓는 것은 공동체를 시도하는 것이며, 이를 위해 우리는 개인적, 정치적, 그리고 영적인 친밀성에 자신을 개방하는 위험, 상처받을 위험을 감수해야 한다. … 누군가가 국경을 보는 곳에서 경계상의 존재들(nepantleras)은 연결점을 본다. 누군가가 심연들을 보는 곳에서 그들은 그 심연들을 가로지르는 다리들을 본다. 경계상의 존재들에게 다리 놓기는 의지의 행위이며, 사랑의 행위이며, 긍휼과 화해를 향한 시도이며, 그들 자신을 잃지 않으면서도 타인들의 고통과 함께하겠다는 약속이다.

조금 더 간결하게 이야기해보자. 철학자 에마뉘엘 레비나스에 따르면, 환대는 타자, 낯선 자들을 자신의 터전과 장소에 맞아들이는 것을 의미한다. 그렇기에 환대는 환대하는 자의 이익, 편의/편리, 관습, 패턴을 일정 부분 침해하고 위협하게 된다. 그래서 불편하고 쉽지 않지만, 좀 더 나은 사회와 세상을 만들기 위해 꼭 필요하다. 역사적으로 부산에는 수많은 낯선 자, 이방인, 약자들이 존재했다. 피란민, 해방 후 귀환한 조선인 등 많은 이방인들이 정착한 도시가 바로 부산이다. 이에 더하여 부산에는 무수히 많은 외국인 노동자, 이주여성, 다문화가정 자녀들, 장애인, 독거노인 등의 '먼지 같은' 자들이 존재한다. 장애인만으로 한정해보아도, 부산은 주민등록인구 대비 장애인 비율이 5.2%로서, 전국 시도 가운데 다섯 번째로 높은 도시다. 나와 너, 나와 타자의 경계를 허물 때 새터민, 외국인 노동자, 여성, 장애인, 성적 소수자 등 사회의 주변부로 밀려나 있는 '먼지 같은' 이들을 환대할 수 있다. 어렵게 느껴지는가. 단순하게 생각해보면, 아이처럼 생각하고 행동하는 것이 환대 아닐까. 아이는 편견이 없다. 누군가를 배척하지도, 증오하지도, 차별하지도 않는다.

정우영의 다섯 번째 시집 『순한 먼지들의 책방』의 시 「무탈한 하루」를 보자.

인사동쪽으로 올라가는 출구에 나는 무릎 꿇고 엎드려 있다. 찌그러진 깡통 앞세운 채 미동도 없이. '도와주세요' 휘갈긴 구걸은 쓸쓸하고 한껏 조아린 고개는 파묻혀 보이지 않는다. 바람은 힐끔거리고 연민은 냉랭하다. 뭐야, 왜 저러고 있어? 사지 멀쩡해 보이는데. 이런 속엣말들만 떨어져 빈 통을 들쑤신다. 그럴수록 내 목은 기어들어 어깨가 더 좁아진다.

있어도 없는 투명함이 내 특기지만, 내 무소유에 다들 동조해주시는가. 오늘은 놀라울 만큼 비켜나 있다. 감각 없는 다리로 어떻게 서야 할지 고민하는 참인데. 무언가가 깡통에 바스락바스락 조심스레 내린다. 안녕, 할부지! 사랑(사탕) 달아요. 슬그머니 눈 들자 아가의 눈동자가 가만히 바라본다. 두 돌이나 지났을까. 너무 맑아서 풍덩 빠질 것만 같아, 고맙다, 아가야. 고마워. 황급히 웅얼거린다.

가진 것을 모두 건네준 아가가 엄마 손 잡고 멀어진다. 작은 성자의 온기가 날 일으켜 세운다. 이제 다시 노숙으로 돌아갈 시간. 없는 사람답게 아주 무탈하게 지냈다. 아무런 노동도 하지 않았다. 내 무능이 저 무자비한 기계의 진격을 무디게 할 것이다.

눈 감고 아가가 준 사랑을 입에 넣는다.
달다. 살아야겠다.

시집의 제목처럼 노숙인은 먼지들의 대표적 '존재'다. 없어도 되는 존재. 아니, 없어지면 좋을 존재. 있는지 없는지 아무도 모르는/신경쓰지 않는 존재. 그러나 분명히 존재하는 존재. 정치철학자 채효정은 책 『먼지의 말』에서 '없지 않은' 존재라 말했다. 세상에서 가장 낮고 누추한, 있는지 없는지도 모르는 존재에게 아가는 사랑을 건넨다. 한국식 나이로 세 살이나 될까 말까 한 아가는 사탕의 발음이 어려워 사랑이라고 했지만, 그건 노숙인에게 환대이자 —아가의 발음 그대로— 사랑이었다. 처음 보는 낯선 할아버지, 더러운 할아버지, 무서워 보이는 할아버지에게 문을 열고 다가간 아가가 건넨 사랑을 입에 넣고 노숙인은 살아야겠다고 다짐했다. 아니, 아가의 환대와 사랑이 노숙인을 살렸다.

김성민

07
"연결(連結)"을 넘어, "연대(連帶)"의 기호로서 읽는, 바다 위 다리들

I. 공간 확장의 '다리'에서 인문적 상상의 '다리'로

시간과 공간, 그리고 사물을 단순히 물리학적 차원에서만 보지 않고, 그 안에 내재하는 의미를 찾아 질문하는 것이 인문학자의 숙명이라면, 그 대상으로서 "다리"는 인문학자에게 의미 있는 상상력의 원천이자 기호가 된다. 다리 너머에 어떤 시간과 공간이 펼쳐져 있으며, 무엇이 존재하는지에 대해, 우리는 그 경계 앞에서 여러 상상의 나래를 펴고 또 그 상상 속에서 설레고 흥분한다. 다리는 일종의 경계이자, 우리가 가 닿을 수 있는 가능성의 공간이다. 다리는 지난 시간의 발자국으로부터 이어져 왔지만, 그 위에서 현재와 미래가 다시 만나는, 시간과 공간의 압축점이자 전환점이다. 즉 다리 위에서는 과거와 현재, 그리고 미래라는 시간이 자유롭게 공존하고, 그 연결의 맥락 속에서 다시 무한의 새로운 세계들을 재편한다.

그렇다면 이같이 다리가 가지고 있는 인문학적 상상력의 영역들을 면모별로 잠시 생각해 보자. 우선 역사적으로 측면에서 볼 때, 고대에서의 다리는 도시 기능을 보완하고 완성하기 위해 특수한 형태로 고안되기도 했다. 눈에 띄는 사례가 바로 고대 로마에서 건설된 아쿠아 덕트다. 로마 제국은 멀리 떨어져 있는 곳의 깨끗한 물을 도시로 끌어오기 위해 일종의 상수도 기반시설로서 이것을 건설했다. 당시 건축가들은 물이 자연스럽게 흐를 수 있는 설계를 적용해 도시에 안정적으로 깨끗한 물을 공급하는 데 이용했다. 이 경우, 교량을 단순히 인간이 물을 건너는 도보용 건축물로서만 착안한 것이 아니라, 오히려 깨끗한 물의 이동 경로라는 기능 중심으로 고안해 낸 것이니, 우리가 지금 가지고 있는 다리 혹은 상수도에 대한 인식과는 사뭇 다르다. 물론, 이후 도시의 기능적 진보가 인간 신체의 확장이라는 개념과 결합해 도시의 구조적 특징 속에 흡수되어 반영되었지만, 이 사례

고대 시대의 아쿠아덕트
(출처: www.visitheworld.tumblr.com)

는 도시 구조물들의 기능적 분화 이전 사람들의 다리에 대한 또 다른 상상을 보여주는 흥미로운 사례임은 틀림없다. 또 우리는 중세가 끝나고 산업혁명이 시작되었을 때, 도시의 폭발적 확장에서 다리가 보여준 기능을 종종 그 위를 달리는 철도와 결합해 상

Gustave Doré, 'Over London-by Rail', Engraving, London, England, 1872

상할 때가 많다. 철도라는 문물이 근대적 시공간을 압축하거나 혹은 확장하는 가운데, 교량 또한 이동의 최적화를 위한 지도상 가장 효율적 위상에 배치되곤 했다. 이 같은 교량들은 강과 계곡을 가로질러 철도들이 직선화를 통해 공간을 압축하는 작용에서 가장 핵심 기능을 담당하였고, 끊임없이 국가나 시장과 같은 동일성의 공간 창출에서 빠질 수 없는 역할을 하고 있었다.

   역사적으로 다리 위를 이동한 것은 비단 사람만이 아니다. 그 위를 물이 흐르기도 했고, 기차가 달리기도 했으며, 지금은 무수한 자동차들이 다리 위에서 오도 가도 못하며 서로 엉켜 서 있기도 하다. 물론 건축물로서 다리는 이동의 수단이자, 시간과 공간의 재편을 상징한다. 따라서 본질적으로 다리는 연결과 확장, 그리고 통합의 기능을 공간적으로 확대하면서, 서로 다른 층위의 공간을 매개한다. 그러나 나는 이러한 매개를 단순히 물리적 차원에서만 보고자 하지 않는다. 다리는 단순히 '이쪽'의 공간과 '너

머'의 공간을 잇는 것에만 그치는 것이 아니라, '이쪽'의 세계와 '너머'의 세계를 이으면서 새로운 의미 공간을 창출한다. 이때 다리는 수량적이거나 계량적인 공간의 단순한 연결 매개, 혹은 욕망의 자기 복제로서 '생산'되는 동일성의 기제를 넘어, 다종의 기억과 상상이 갈마드는 현상학적 '장소'가 될 것이고, 그리고 '연대'하는 역사의 상징 부호가 될 것이다. 이런 다리의 인문학적 상상력을 환기하기 위해 내 경험과 기억에 가까이 있는 몇몇 다리를 이야기 해 보자.

2. 역사에 대한 집단 기억을 품고 있는 "애틋한 장소", 영도다리

내가 어렸을 때만 해도, 한국 사람들이 저마다 우스개로 하나씩 가지고 있던 출생과 관련한 비밀의 서사가 있었는데, 그 이야기의 종착지는 주로 "영도다리 아래"에서 마무리되었다. 식민지 시기나 6·25의 역사를 잘 알지 못하던 철부지 시절, 보도 듣도 못했던, 당연히 가본 적도 없던 영도다리는 나의 탄생과 관련한 뭔가 신비한 장소가 되었고, 나에게도 어렴풋이 어떤 추측과 귀환의 목적지처럼 인식되기 시작했다. 그리고 이런 의문과 궁금증이 증폭될 무렵, "널 엄마 다리 밑에서 주워왔단 얘기야"라는 식으로 얼버무리는 어른들의 해명은, 이제 와 보니 당시 한국인들이 가지고 있던 전쟁에 대한 집단 기억의 파편들이 아니었을까? 너도 부산 피난민들의 인파 속에서 주워 온 아이였다는 바로 그 서사.

식민 시기 1932년 착공해 3년 동안 건설된 영도다리는 그 건설 과정에서 조선 각지로부터 온 미숙련 노동자들은 물론 산둥에서 건너 온 쿨리(苦力)들까지 동원되어, 수많은 건설 공법상 시행착오는 물론 인적 희생을 치르면서 완성한 인프라였다. 처음 건설한 당시의 목적은 주로 일본의 대륙 침략을 원활하게 돕기 위한 보급과 수송이 그 주요한 목적이었다. 당시 건설 기술로는 바다를 가로지르는 다리를 세우는 것만도 위험천만한 공정이었는데, 그 다리가 들어 올려지기까지 하는 도개교라니 아마 최신 사양의 현대식 교량이었음은 틀림없다. 영도와 육지를 연결하는 수단이 나룻배가 전부였던 시절, 다리를 건설하면 해운업자나 어선들이 영도와 육지 사이를 운행하는 데 장애가 되었고, 이러한 상황의 절충안으로 도개교 건설이 제시되었다고 한다. 바다와 육지를 이으면서도 바다가 가지고 있는 고유의 영역과 기능을 보호하고 유지하기 위한, 일종의 기술적 도전의 산물인 셈이다.

이 같은 영도다리가 전체 한국 사람들의 집단 기억 속에 새삼 각인된 사건은 두말할 것 없이 6·25 전쟁 중의 부산 피난길이었다. 그 피난길에서 손잡고 내려오던 가족이 만약 손을 놓치게 되면 부산의 영도다리에서 다시 만나자던 약속은 '굳세어라 금순아'라는 대중가요의 가사 속에서 한국인들의 가장 가슴 저리는, 그러면서도 재회에 대한 희망을 내려놓지 못하는, 혈육에 대한 애환으로 자리 잡게 되었다. 가사를 잠시 보자. "눈보라가 휘날리는 / 바람 찬 흥남 부두에 / 목을 놓아 불러봤다 / 찾아를 봤다 / 금순아 어데로 가고 / 길을 잃고 헤매였더냐 / 피눈물을 흘리면서 / 일사 이후 나 홀로 왔다." "일가친척 없는 몸이 / 지금은 무엇을

현대식 도개교로 재개통된 영도대교 (출처: 영도구청)

하나 / 이 내 몸은 국제시장 / 장사치기다 / 금순아 보고 싶고나 / 고향 봄도 그리워진데 / 영도다리 난간 위에 / 초생달만 외로이 떴다."에서 노래하는 이는 피난길에 헤어진 '금순이'를 못내 잊지 못해 여전히 부산의 영도다리 주위를 떠나지 못하고 있다. 여기서 한국인들에게 영도다리는 전쟁 속 상실의 아픔을 표상하면서도, 다시 만날 희망을 놓지 않는, 인문지리학자 이-푸 투안(Yi-Fu Tuan)의 표현을 빌리자면, 일종의 "애틋한 장소"가 되고 있다.

전쟁 상황 속에서 각자 애착의 땅인 고향으로부터 떠나와 부산까지 흘러들어 온 이방인, 즉 피난민들은 새로운 "뿌리내림"의 심리적 출발지로 영도다리를 인식했고, 적지 않은 실향민들과 이주민들이 그 주변에 정착한다. 이-푸 투안에 따르면, 전통 사회에서 이 같은 "뿌리내림"은 농경 사회의 필수 요소인 땅과 그 위에서 삶을 영위하는 사람들의 믿음이 긴밀하게 갈마들 때, 심리적 안정 및 애착이 형성되면서 고향을 "애틋한 장소"로 의미화한다고 했는데, 영도다리라는 공간과 실향민들과의 관계는 그런 의미에서 매우 특별하다. 과거 영도다리 옆에 줄지어 있던 '점바치 골목'은 이들의 믿음과 소망이 응결된 위로의 공간이면서도, 부산으로 떠내려온 자들의 "뿌리내림"이 가능하게 한 신성(神性)의 표상 공간이 아니었을까? 결과적으로 피난 와중에 부산에 흘러들어 온 피난민들은 영도다리 주변을 떠나지 못하면서, 부산 원도심의 원형적 공간 구조를 형성했다. 2013년 재개통된 영도다리는 도개교로서, 부산 관광 상품의 아이콘으로 인식되고 있지만, 분명한 것은 이 다리가 단순히 섬과 육지를 연결하는 물리적 기능을 넘어, 상이한 시간과 시대의 정서를 이어주면서, 그리고 그 속에서 나와 시대가 하나 되게 하는 감각을 공유하는 "기억의 교량" 역할을 하고 있다는 점이다.

점바치 골목의 상점들
(다큐멘터리 〈그럼에도 불구하고〉(감독 김영조) 스틸컷)

3. 다리에 의해 새롭게 구성되는 도시 서사들, 인천대교와 부산항대교

지금 한국에서 가장 긴 다리는 인천대교다. 인천대교는 인천 송도 국제도시에서 인천국제공항이 있는 영종도를 연결하는 다리로서, 총 길이는 21.38km에 이르러 길이로만 따지면 현재 세계에서 일곱 번째로 긴 다리다. 세계에서 다섯 번째로 긴, 800m의 주경간 폭을 가진 교량으로, 어느 교량이나 마찬가지이듯 인천대교의 가장 큰 기능 또한 교통 연결성의 향상에 초점이 맞춰져 있다. 2023년 현재 세계 여객 수송의 양적 측면에서 약 5,620만 명의 여객을 처리하여 20위를 차지하고, 동시에 Skytrax 발표에 따르면 세계 네 번째로 좋은 공항으로 선정된 인천국제공항과 수도권 사이의 접근성과 연결성을 확보하는 것, 이것이 바로 인천대교 건설의 목표였다. 말하자면, 한국의 수도권 시민들은 인천대교라는 링크를 통해, 인천국제공항이라는 노드를 거쳐, 세계와 매우 가깝고 긴밀하게 연결된다.

초기 산업혁명 당시 기차가 일국 단위에서 영토적 공간을 압축하며, 동시성의 영역을 구축할 수 있게 했다면, 인천대교와 인천국제공항으로 연결되는 세계적 네트워크는 전지구적인 공간의 연속성과 동시성을 끊임없이 재편하면서, 개개인의 삶과 직접적으로 그리고 긴밀하게 연결되고 있다. 이 같은 네트워크적 관점으로 보기 이전 인식 대상은 그 대상의 자산이 무엇이며, 규모가 어느 정도인지, 그리고 정치적 조건이나 문화적 정체성이 무엇인지가 중요했다. 그러나 연결망 위에서 만들어지는 관계에서 인식

인천대교 ⓒ인천광역시

대상은 그 자체의 특성보다 그 대상이 다른 대상들과 새롭게 만들어 내는 역동적인 관계가 더 중요하다. 이 같은 관계에서는 네트워크를 이동하는 주체들이 다른 주체들과 만들어 내는 관계적 자산이 무엇인지가 더 중요하게 되었고, 개별 주체의 역량은 그 네트워크 내부로의 진입 여부에 의해 결정된다. 예를 들어, 네트워크적 관점 이전에 인천대교를 건너, 비행기를 타고 뉴욕에 갔을 때, 그 뉴욕이 어떤 규모에, 어떤 경제적 역량과 자산, 문화적 독특함을 가지고 있는가가 중요했다면, 이제는 행위자가 뉴욕이라는 공간과 맺는 네트워크 위의 관계가 뉴욕이라는 도시의 의미를 규정하는 시대가 된 것이다. 바로 이처럼 네트워크적 관계가 형성되고 또 재편될 때, 다리는 물리적 의미를 초월한다.

그렇다면 현재의 부산에는 어떤 다리들이 있을까? 영도다리 이외에도 부산에는 크고 작은 다리들이 많으며, 대표적인 예로 광안대교, 부산항대교, 남항대교, 거가대교, 을숙도대교, 동천교 등이 있다. 부산항대교의 경우, 2014년 5월에 개통되어 가장 최근 건설된 다리로서 부산항의 앞바다를 가로지르면서, 항만 물류의 기능성을 최대화하기 위해 건설되었다. 부산의 대표적인 사장교(cable-stayed bridge)로서, 남구의 용당동과 영도구 청학동을 연결하는 교량으로, 남항대교와 짝을 맞춰 북항대교(北港大橋)라고 부르기도 한다. 또 부산항의 운송 능력 확장을 위한 물류 분산 기능뿐만 아니라, 하나의 섬이자 자치구로서 영도구가 내륙과 연결된 교통망이 구도심 쪽으로 치우쳐 있는 점을 보완하기 위해 남구와 해운대구 방면의 연결도로 확보의 차원에서도 기능하고 있다. 그보다 더 근본적으로 부산은 내륙에 경사가 급한 지형이 많고 도로망 사정 또한 상당히 열악하여, 그러한 지형으로부터 자유로운 해안선을 교량들로 이어 산이 많은 내륙 지형을 회피하고자 부산 해안순환도로를 계획하였다. 서쪽으로부터 거가대교, 가덕대교, 신호대교, 을숙도대교, 남항대교, 부산항대교, 광안대교로 이어지는 해안선의 대교 사이 연결망은 부산의 주요 간선도로의 기능도 담당하면서, 부산이라는 도시의 동과 서를 해안을 중심으로 관통하고 있다. 부산항대교도 이 같은 해안순환도로의 일부를 담당하는 교량 가운데 하나다.

사실 새롭게 건설되는 해안 교량들과 도로의 연결망은 바다로 향해 있으면서, 과거 부산과 차별되게 현재 부산이 새롭게 만나는 세계와의 경계들을 도시 서사의 내부로 재구성하고 있다. 산복도로 아래 옹기종기 모여 옆집 사람의 온기를 느낄 정도로 비좁고 열악한 주거 공간과 그 사이를 누비는 도로 위 시내버스, 더 나아갈 길 없는 골목과 가파른 계단들이 전쟁 이후 부산의 도시 서사를 구성하면서, 그동안의 부산다운 풍경을 만들어 냈다면, 이제 새롭고 시원하게 뚫린 바다 위 교량들의 연결망은 새로운 기술 위에, 그리고 새로운 세계들과의 만남을 통해 도시 안 새로운 생명력을 제공한다. 이 같은 서사는 단순히 도시 내 이동이 쉬워지고, 경제적 효용성이 높아진 것으로만 설명되는 것에 그치지 않고, 도시를 둘러싼 새로운 이야기들의 가능성이 확장되고 있음을 보여준다. 부산항대교의 경우, 최근 한국 사람들에게 새삼 유명세를 타게 됐는데, 그것은 한 개인이 제작한 영상 속에 등장한, 부산항대교가 가지고 있는 경사도가 높은 램프 때문이었다. 이 다리의 중앙부 높이는 66m이고, 진입 램프에는 360도로 회전해서 진입해야 하는 곡선 주로가 2분가량 이어진다. 이런 설계가 만들어진 이유는 앞서 언급했듯이, 부산 도심과 영도 지역의 교통 편중을 해결하면서도, 부산항을 드나드는 컨테이너선과 크루즈선 등 대형선박도 교량과 충돌 없이 통과해야 했기 때문이다. 지형의 측면에서 볼 때 영도 측 진입로의 접속 길이가 부족해 경사도 8.0%를 적용하면서도 해상부에 반경 60m에 달하는 원형 교량으로 진입 램프를 설계할 수밖에 없었다.

그런데, 설계에 있어 문제로 여겨질 수 있는 이 같은 구조가 사람들에게 해상에서 느끼는 공포 체험, 바로 바다 위 롤러코스터의 역할을 함으로써 더욱 유명세를 타게 된 것이다. 과거 일본으로 돈을 벌러 가기 위해 하염없이 현해탄을 건너는 관부연락선을 기다리다 산복도로 주변에 주저앉은 조선인들의 이야기, 전쟁 와중에 피난으로 떠밀려와 헤어진 가족을 기다리기 위해 정착한 피난민들의 이야기들이 지금까지 부산 원도심의 도시 서사를 지배해 왔다면, 이제는 한국 내에서 가장 이국적인 체험을 하고, 또 영

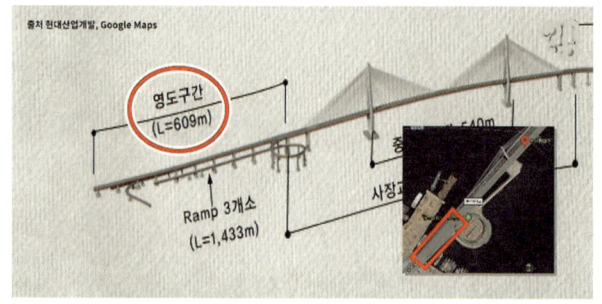

부산항대교 진입램프 (출처: 공유마당ⓒ김순식)
부산항대교 영도방향 진입램프의 구조 (출처: 현대산업개발)

상으로 그 체험을 공유하면서, 부산이라는 공간만의 독특성을 느끼며, 글로벌 도시로서 젊은이들의 인적 교류와 문화적 융합을 경험할 수 있는 새로운 도시 공간과 그와 관련한 새로운 서사가 필요하게 된 것이다. 이를 통해 보면, 사람들의 공간 취향은 그 공간을 구성하고 의미화하는 새로운 내부 서사에 따라 끊임없이 변화한다는 사실을 발견할 수 있다.

4. 상처받은 이들의 버팀목, 브루클린 브릿지

개인적으로 북미 대륙을 여행할 기회가 있었고, 그 가운데 몇몇 다리에 대한 인상도 깊이 남아 있다. 실제 지금도 동부와 서부를 대표하는 두 개의 다리인 뉴욕의 브루클린 브릿지와 샌프란시스코의 골든 게이트 브릿지는 수많은 관광객들을 그곳으로 불러들이고 있다. 이 다리들은 단지 다리가 갖추고 있는 기능과 규모를 넘어, 그 지역을 대표하는 하나의 아이콘으로서 존재하면서, 마치 살아있는 생명처럼 사람들과 함께 호흡하고 있다. 아이콘으로서 브루클린 브릿지와 골든 게이트 브릿지가 어떤 연결과 역사적 축적의 산물이며, 사회 속 구성원들에게 어떤 인문적 상징으로서 작동하는지에 대한 논의는 우리 지역의 다리에게 어떤 장소성을 부여할 것인가 하는 문제의 균형 잡힌 참조체계가 된다.

먼저, 브루클린 브릿지는 미국 뉴욕시의 이스트 강에 놓인 교량으로서, 브루클린 다운타운과 맨해튼 로어 이스트 사이드를 연결하는 왕복 6차로 다리다. 1869년 착공해서 1883년 완공되었으며, 완공 당시 최초로 강철 케이블을 사용한 현수교이자, 뉴욕의 최고 높이 건물이고, 또 길이 1,834m로 세계 최장의 다리였다. 다리 양 차로 사이 가운데에 널찍한 보행자용 길이 존재하여 엄청난 차량의 운행량과 별개로 맨하튼의 고층 빌딩과 대조를 이루면서 여전히 지금도 뉴욕 건축물들 가운데에서도 특유의 랜드마크성을 가지고 있다. 독일계 미국인인 존 로블링(John A. Roebling)이 처음 공사를 제안하고 시작했으나 공사 현장에서 얻은 부상으로 사망하고, 그 아들인 워싱턴 로블링(Washington Roebling) 또한 공사 중 얻은 병으로 병상에 누운 채, 그 며느리인 에밀리 워렌 로블링(Emily Warren Roebling)에 의존해서 겨우 완성한 건축물로, 이들 가족의 대를 이은 다리 건설에 대한 헌신과 리더십은 미국 사회에서도 매우 존경받는 사례에 손꼽힌다. 더욱 주목할 만한 점은 이 다리가 지금까지 엔지니어, 건축가, 미술사가는 물론 사진작가, 화가, 작곡가, 시인들에게 많은 영감을 불어넣었다는 점이다. 또 질리도록 많은 영화와 패션 및 TV 광고의 배경으로 삽입되었지만, 여전히 미국인들은 이 다리를 사랑하고 또 뉴욕의 문화를 담고 있는 상징으로 간주한다는 점이다. 미국인들에게 이 다리는 "다리를 들어서 뒤집어 보면, 그 아래 바닥에 'Made in America'라고 찍혀 있을 것 같은 느낌을 받는 장소"*라고 한다. 왜 이렇게 미국인들은 이 다리에 대해 애착을 갖게 되었을까? 이 질문에 대한 실마리는 먼저 대부분 이들의 귀에 익숙해 있는 영화 〈Last Exit To Brooklyn〉의 삽입곡 "A Love Idea"를 떠올리는 것으로부터 시작할 수 있다. 휴버트 셀비 주니어(Hubert Selby Jr.)의 동명 원작 소설은 처음 출판되었을 때 평단으로부터 엄청난 화제와 엇갈린 평가를 받으면서 주목을 받았고, 그 내용에서 50년대 브루클린 부두에서 6.25 전쟁 참가를 위해 한국으로 가는 병사들에게 몸을 파는 트랄랄라라는 여주인공과 남장 여인 등 여러 하층 인물들의 삶을 그리면서, 당시 미국

---

* David McCullough, 『The Great Bridge: The Epic Story of the Building of the Brooklyn Bridge』, Simon & Schuster Books, 1983년, 7쪽.

이 안고 있던 다양한 사회적 문제와 논쟁거리를 현실적으로 보여줬다고 공통적으로 인정받는다. 타임지의 경우, 해당 작품이 도시 생활의 어두운 측면을 가차 없이 묘사한 작품으로서, 소설에서 묘사된 마약 중독, 폭력, 빈곤과 같은 등장인물들이 직면한 가혹한 현실은 그 잔인함을 여실히 드러내고 있다고 평가한 반면, 뉴욕타임즈는 소설의 강한 서사에 대한 찬사와 독자들에 대한 영향력, 그리고 브루클린에서의 삶에 대한 생생한 묘사가 현대 미국의 모습에 대한 진지한 성찰이라고 호평했다.

그런데, 소설 작품에 대한 이 같은 엇갈린 평가에서 그대로 볼 수 있듯이, 산업화의 성취와 그 이면에서 살아가는 사람들의 비참함에 대한 비판이 이 다리가 건설될 당시부터 다리를 둘러싼 뉴욕의 현실 맥락 속에서 이미 존재했다는 사실은 매우 시사적이다. 데이빗 맥컬로우(David McCullough)는 이 다리의 건설 당시의 상황을 설명하면서, "모든 주요 사건들처럼, 브루클린 브릿지도 그 당시의 맥락에서 보아야 한다. 이 다리는 단순히 이스트 강에서 솟아오른 것으로 그려지는 것이 아니라, 가장 악명 높은 부패의 시대 중 하나에서 비롯된 것이다. 이 시기는 보스 트위드(William Magear "Boss" Tweed, 1823-1878, 19세기 뉴욕시에서 가장 악명 높은 부패 정치인)와 화려한 사치로 유명한 철강, 석유, 철도 재벌들의 시대였으며, 이들의 부유함은 가난한 사람들의 끔찍한 비참함과 거의 동시에 드러나고 있었다. 미국에서 부자와 가난한 사람들 간의 격차가 이토록 컸던 적은 그 이전에는 없다. 오래된 정직과 명예의 개념은 너무도 시대에 뒤떨어진 것처럼 보이게 되었다."라고 기록한다. 그는 당시 뉴욕의 현실을 통해 도시 내부의

브루클린 브릿지 (출처: Unsplash©Dushawn Jovic)

부와 빈곤이 어떻게 차별화되고 또 극단으로 치닫게 되었는가를 설명하면서, 구체적으로 이 브루클린 다리의 건설과 관련된 다양한 사회적 맥락, 즉 철강, 석유, 철도, 그리고 금융 등의 재벌과 그들의 탐욕이 바로 맨해튼과 브루클린 사이의 도시 공간적 맥락에 긴밀하게 관여하고 있음을 밝힌다.

그런데 이 같은 사회 비판적 시각에도 불구하고, 그는 미국이 국가적 위기에 직면했을 때 브루클린 브릿지의 힘이 새롭게 다시 부각되었다는 점을 상기한다. 그는 9·11 당시 뉴욕이 공격받았을 때, 브루클린 브릿지가 "어두운 시기에 확신을 주는 강력한 상징"이자 "아이콘"이었다고 회상한다. 그리고 그 다음 날인 9월 12일 뉴욕타임즈에 실린 사진 속에서 "여전히 그곳에서" 흔들림 없이 서 있던 이 다리는 "맨해튼을 걸어서 탈출하는 수천 명의 사람들"에게 "구원"이었을 뿐만 아니라, 모든 미국인들에게 어떤 공격 속에서도 여전히 살아 있다는 감정을 불러일으켜 준 건축물이었다고 회상한다. 이런 아픔의 과정 속에서 브루클린 브릿지는 미국인들의 마음, 더 깊은 곳에 자리 잡게 된 것이다.

2001년 9월 12일 *The New York Times*의 1면

07 연결을 넘어, 연대의 기호로서 읽는, 바다 위 다리들　153

5. 조화를 통해 존재해 온 다리, 골든 게이트 브릿지

　미국인들이 사랑하는 또 하나의 다리인 골든 게이트 브릿지는 미국 캘리포니아주 샌프란시스코와 마린 카운티를 연결하는, 즉 캘리포니아와 태평양을 가로지르는 현수교로, 조셉 스트라우스(Joseph Strauss)의 주도하에, 1933년부터 1937년까지 4년간의 공사를 통해 완성되었다. 다리 길이는 총 약 2737m이고, 주경간은 약 1280m터로 당시 세계에서 가장 긴 현수교 경간을 가지고 있다. 경간을 만드는 주 타워의 높이는 227m, 약 8만 마일 길이의 케이블로 다리를 고정하고 있다. 다리의 색상에 인터내셔널 오렌지(International Orange)가 사용된 이유는 안개가 자주 끼는 샌프란시스코 해안의 기후 조건에서 다리가 잘 보이도록 하기 위함이다. 조셉 스트라우스가 현수교 설계에 대한 이해와 경험이 부족했기 때문에, 최종 현수교 설계는 뉴욕시 맨해튼 브리지의 엔지니어인 레온 모이세이프(Leon Moisseiff)에 의해 실질적으로 진행되었다.

　이 다리에 대한 발상은 1916년 공학도이면서 시인 학생이었던 제임스 윌킨스(James Wilkins)에 의해 제안되었으나, 도시 기술자들은 이 건설이 당시 1억 달러로도 힘들다고 반박했다. 다시 이를 설계한 조셉 스트라우스에 의해 당시 1700만 달러 정도로 건설이 가능하다는 의견이 받아들여지면서 현실화되었다. 이 과정에서 스트라우스는 북부 캘리포니아를 포함해 많은 지역과 단체로부터 반대에 마주한다. 국방부(The Department of War)는 다리가 선박 교통을 방해할 것이라 반대했고, 미 해군은 다리에 충돌하거나 다리를 파괴하는 행위가 캘리포니아 주요 항구의 기능을 막을 수 있다고 우려했으며, 일부 카운티들은 건설 참여에 보이콧을 선언했다. 캘리포니아 내에서 가장 영향력 있는 기업 중 하나인 서던 퍼시픽 철도(Southern Pacific Railroad) 또한 페리의 운송 능력이 확장되는 것을 경계하여 반대하기도 했다.

다리 전체의 건설 과정과 보수·관리의 역사를 개괄하지 않더라도, 여기서 주목하고자 하는 부분은 이 다리가 태생적인 조건으로부터 봤을 때, 완성에 있어서 가장 필수적이었던 요소는 바로 그것이 자연이든, 인간이든, 아니면 지역이든 상관없이 "주변과의 조화"였다라는 점이다. 구조의 설계와 색상의 결정, 그리고 재정의 조달에 있어서, 이 다리는 다양한 협력의 산물이었다. 모이세이프는 수석 엔지니어였던 찰스 알톤 엘리스와 원격으로 협력하면서 공사를 조율했는데, 그는 얇고 유연한 도로가 바람 속에서 휘어지도록 하는 "굴곡 모형 이론"을 적용하여, 현수 케이블을 통로로 바람으로부터 오는 압력을 다리 타워로 분산시키도록 설계했다. 다리 설계자의 입장에서 다리가 구조적으로 영속적인 안정성을 유지하기 위해서 바람이라는 자연적 조건과 조화롭게 공존할 수 있는 구조적 특성을 만드는 것이 최우선이었다. 또 통행하는 선박의 가시성을 확보하기 위해 검정과 노란색 줄무늬로 칠하자는 미 해군의 제안보다 안개 상황에서 경고 및 주의 표시에 더 적합한, 주황색과 빨간색이 혼합된, 그리고 황혼의 햇빛과의 조화를 염두에 둔 인터내셔널 오렌지색으로 칠해진 것도 바로 인간과 자연 사이의 호흡, 즉 둘 사이의 조화와 공존을 중시했기 때문이다. 1929년 발생한 대공황의 영향 속에 있던 다리의 건설 시기, 더 골든 게이트 브릿지 앤 하이웨이 디스트릭(The Golden Gate Bridge and Highway District)은 채권을 발행해 건설 자금을 확보하고자 시도했지만 32년까지 채권을 판매하지 못하고 있다가, 샌프란시스코에 본사를 둔 뱅크 오브 아메리카(Bank of America)의 창립자인 아마데오 지아니니(Amadeo Giannini)가 지역 경제를 돕는다는 차원에서 은행들을 대표해 전체 채권을 매입하면서 문제가 해결되었다. 건설 자금의 확보에 있어서 이처럼 지역과 지역에 기반을 둔 기업 사이의 협력이 공동의 프로젝트를 완성하는 데 핵심적인 역할을 하면서, 골든 게이트 브릿지는 탄생할 수 있게 되었다.

지금까지 골든 게이트 브릿지의 형상에 대한 미적 평가에 있어서, 이 다리는 그것에 매달린 아치와 웅장한 타워들과 함께 자연적 환경을 지배하지만 압도하지 않는다는 평가를 받는다. 가장 단순한 기하학적 형태를 통해 개인의 미적 추구보다는 보편적 가치를 공유하고, 역사적 경향성이나 개인의 개성에 영향을 덜 받는 형태의 조화를 추구했다는 것이다. 이 다리의 건축미적 완결성은 강력하고 완고한 수직성의 타워와 현수 케이블에서 보이는 상향 곡선 등 자연에서 자주 발견되는 동적인 대칭 형상을 반영한 것으로부터 기인한다고 평가된다. 이 같은 실질적인 디자인 지향은 당시 시대적 문맥과도 연결되는데, 바로 1893년 시카고 세계 박람회 이후 등장하여 미국인들을 매료시킨 '도시 미화 운동(The City Beautiful Movement)'이 바로 그 출발점이었다. 이 당시 샌프란시스코의 다니엘 번햄(Daniel H. Burnham)과 같은 도시

계획가들은 도시와 공공의 공간을 미적으로 완성을 추구하면서도 기능적인 존재로 탈바꿈시킴으로써, 동시에 도시의 재활성화라는 목표에 도달하고자 했다. 따라서 그는 이 같은 목표에 맞춰 도시 공간에서 거리 배치를 재설계하고, 대형 전망과 새로운 개방 공간을 통해 공원과 도시 공간 시스템들을 확장하고자 했다.

샌프란시스코 골든 게이트 브릿지 ⓒ이보고

골든 게이트 브릿지의 형상 또한 이 같은 도시 재생의 이상이 반영된 결과이었다.*

이처럼 낙후된 과거와 단절하면서 새로운 공간성을 확보하고자 했던 골든 게이트 브릿지의 디자인 목표는 수직으로 7피트, 수평으로 12피트까지 움직일 수 있는 탄력 회복성의 구조, 또 접근로, 교각, 타워, 도로, 중앙 경간, 케이블이라는 여섯 개의 주요 구성 요소들 사이 조화는 물론 기능적으로 인근의 샌 아드레아스 단층으로부터 빈발하는 지진, 사계절 마주할 수밖에 없는 강풍과 폭풍, 그리고 끊임없이 침식해 들어오는 수분과 염분과 맞서는 유지·관리를 통해 지금까지도 변함없이 구현되고 있다. 이것이 바로 골든 게이트 브릿지가 자연에 순응하고 그 아름다움을 침범하지 않으면서도, 다리의 완전성을 지속하는 중요한 요소일 것이다.

6. "다리"라는 기호 속 인문학적 질문들

요즘 부산에서는 광안대교를 마주하고 있는 지역이 젊은이들에게 가장 힙(hip)한 장소라 한다. 그뿐만 아니라 부동산에서도 광안대교의 주탑 전망이 나오는가 여부에 따라 아파트의 가격이 좌우된다고 한다. 1994년 광안대교를 건설하기 시작할 당시, 일

---

* Ira Bruce Nadel, Donald MacDonald, 『Golden Gate Bridge: History and Design of an Icon』, Chronicle Books; First Edition, 2008년, 서문 참조.

연무 속에 보이는 광안대교 ⓒ이보고

반 시민들만이 아니라 광안리 해수욕장의 상인들마저도 건설을 반대하는 여론이 거셌다고 한다. 아름다운 바다 경관을 순수하게 감상하고 해수욕도 즐기는 지점에 건설되는 차량용 교량이 자연 경관을 해칠 것이라는 우려는 어찌보면 그 당시 당연한 것이었다. 교통 분산의 기능은 차치하더라도, 누가 푸른 바다 위에 매연을 뿜는 자동차들이 줄지어 달리는 모습에서 아름다움과 치유를 느낄 수 있겠는가 하는 질문들이었을 것이다. 그러나 30년이 지난 지금 그러한 논쟁들과 질문들은 사라지고, 오히려 사람들이 자기 집 거실에서 그 경관을 보기 원하게 되었다. 사람들이 추구하는 취향과 아름다움의 기준은 끊임없이 변화하며, 한편으로 자연의 순수함을 원하기도 하지만 또 다른 한편으로는 인간과 자연이 조화롭게 공존하는 것을 더욱 원하는 시대가 된 것일 수도 있다. 우울한 자기 분석일지 모르지만, 이런 상황은 달리 보면 근본적으로 자연 혹은 인간과 자연이 만들어 낸 경이로움, 빠른 정보의 유포가 공유하는 생경한 경험을 극단적으로 개인화하여 소유하고 싶은 욕구의 반영이며, 사회는 이미 이 같은 욕망을 자본에 의해 등급화해 공간 속에 반영하는 시대에 들어와 있음을 말해준다.

　이 같은 시대의 상황 속에서 교량을 단순히 교통의 흐름을 분산하고 최적의 이동을 확보하기 위한 물리적 공간으로만 남겨두는 것보다, 교량의 기능이 실현하는 상징성을 증폭하며, 그 내면에 존재하는 "인문학적 연결성(humanistic connectivity)"에 주목하는 것은 고려할 만한 가치가 있다. 다리로부터 추출할 수 있는 이 같은 인문학적 연결성은 물리적 한계를 넘어, 공감에 기반해 어디서든 인간들 사이의 연결성을 회복하고, 그 안에서 새로운 가치를 만드는 기반이 될 수 있다. 그리고 이 같은 연결성에 대한 신뢰는 바로 실천의 주체들로 하여금 세대와 세대, 지역과 지역, 계층과 계층, 그리고 국가와 국가, 근본적으로 문화와 문화 사이에 발생하는 다양한 갈등과 모순들을 인식하고, 이질성 사이의 공존을 추구하는 연대의 방식들을 구체화하게 할 것이며, 또 역사적 중간물로서의 자기 인식도 가능하게 할 것이다. 이런 전제가 가능하다면, 교량은 단순히 횡축으로 공간을 새롭게 재편하는 물리적 확장과 연결의 의미에만 머물지 않고, 종축으로 인간 사회의 변화와 역사의 흐름 속에서 "어둠이 몰려오고, 사방에 고통이 가득할 때, 험한 물살 위에 놓인 다리처럼(when darkness comes, and pain is all around, like a bridge over troubled water)"*, 사람과 사람 사이의 연대를 상상케 하는, 우리 가까이 있는 기호이자 상징이 될 것이다. 마지막으로 김수영 시인의 「현대식 교량」을 다시 음미해 보자.

「현대식 교량(現代式 橋梁)」

김수영

現代式 橋梁을 건널 때마다 나는 갑자기 懷古主義者가 된다.
이것이 얼마나 罪가 많은 다리인줄 모르고
植民地의 昆蟲들이 二四시간을
자기의 다리처럼 건너다닌다
나이어린 사람들은 어째서 이 다리가 부자연스러운지를 모른다
그러니까 이 다리를 건너갈 때마다
나는 나의 心臟을 機械처럼 중지시킨다
(이런 연습을 나는 무수히 해왔다)

그러나 문제는 이러한 反抗에 있지 않다
저 젊은이들의 나에 대한 사랑에 있다
아니 信用이라고 해도 된다
〔선생님 이야기는 二十년 전 이야기이지요〕
할 때마다 나는 그들의 나이를 찬찬히

---

* 사이먼 앤 가펑클(Simon & Garfunkel)의 〈험한 세상에 다리가 되어(Bridge Over Troubled Water)〉라는 노래의 가사 일부.

소급해가면서 새로운 여유를 느낀다
새로운 歷史라고 해도 좋다

이런 驚異는 나를 늙게 하는 동시에 젊게 한다
아니 늙게 하지도 젊게 하지도 않는다
이 다리 밑에서 엇갈리는 기차처럼
늙음과 젊음의 분간이 서지 않는다
다리는 이러한 停止의 증인이다
젊음과 늙음이 엇갈리는 순간
그러나 速力과 速力의 停頓 속에서
다리는 사랑을 배운다
정말 희한한 일이다
나는 이제 敵을 兄弟로 만드는 實證을
똑똑하게 천천히 보았으니까!

이보고

08
해양문화도시, 부산

부산, 그 이름만으로도 가슴 벅찬 설렘이 밀려온다. 푸른 바다를 품은 도시, 부산은 드넓은 바다를 터전으로 삼아 찬란한 해양문화를 꽃피워 왔다. 단순히 바다를 끼고 있는 도시가 아니라, 바다와 함께 살아 숨 쉬는 해양 도시인 것이다. 부산의 해양문화는 단순히 자연 환경에서 비롯된 것이 아니다. 오랜 시간 동안 부산항을 중심으로 이루어진 사람들의 삶과 그들이 만들어낸 문화가 부산을 특별하게 만들었다. 해양문화는 어촌 마을의 전통 풍습, 항구도시의 활기찬 분위기, 해양 산업의 발전 과정 등 다양한 모습으로 나타난다.

부산의 해안가에는 오랜 세월 동안 이어져 온 어촌 마을들이 자리 잡고 있고 이곳에서는 전통 어로 방식, 해양 신앙, 풍어제 등 독특한 어촌 문화를 만날 수 있다. 또한 부산은 국제 무역항으로서 세계 각국의 문화가 교류하는 장이었으며 이러한 역사적 배경 속에서 부산은 개방적이고 다양성을 존중하는 항구도시 문화를 형성해왔다. 현대에 이르러 부산은 국제적인 해양도시로서의 위상을 확립하고 있으며 해양 산업, 물류, 관광 등 다양한 분야에서 부산의 해양문화는 중요한 역할을 하고 있다. 그리고 부산국제영화제, 부산비엔날레, 부산바다축제, 자갈치 시장, 해운대 등은 부산의 해양문화를 전 세계에 알리는 대표적인 사례들이다. 해양문화도시, 부산에는 어떠한 일들이 일어났고 또 일어나고 있으며 미래에는 어떤 도시로 거듭나야 되는 것일까? 지금부터 부산 사람들의 삶에 깊숙이 스며든 해양문화도시 부산 바다의 이야기를 담아내고자 한다.

1. 파도가 빚어낸 역사, 부산

1876년, 부산항은 일본의 강압적인 요구에 의해 개항되었고 이 개항은 부산을 송두리째 바꾸어 놓았다. 부산항은 새로운 문물과 사람들이 드나드는 관문이 되었고, 부산은 빠르게 근대 도시로 변모했다. 일본, 중국, 러시아 등 다양한 나라의 상인들이 부산항을 통해 들어왔고 이들은 부산에 새로운 문화와 기술을 전파했다. 즉 부산항은 단순한 항구가 아닌, 부산의 역사와 문화, 그리고 부산 사람들의 삶이 시작된 곳이며 부산의 정체성을 상징하는 공간이 되었던 것이다. 개항 이후 끊임없이 드나드는 배들은 부산에 새로운 문물과 사람들을 실어 날랐고, 이는 부산만의 독특한 문화를 형성하는 밑거름이 되었다.

  1900년대 초에는 부산항 축항 공사가 시작되었다. 1912년에 제1부두, 1927년에 제2부두, 1944년에 제3부두와 중앙부두가, 1943년에 제4부두 일부가 건설되어 1만 톤급 선박이 접안할 수 있는 항만이 되었다.

「부산항 제1부두」, 부산일보(2018.03.11)

  축항 공사를 통해 부산항은 더 큰 선박을 수용할 수 있게 되었고 화물 처리 능력도 크게 향상되었다. 그러나 일제강점기를 거치면서 부산항은 일본의 대륙 침략을 위한 전진기지로 활용되었다. 일본군의 병참 기지 역할을 했으며 수많은 조선인들이 강제 징용되어 부산항을 통해 전쟁터로 끌려갔다. 제1부두는 당시 강제징용의 아픔을 생생하게 보여주는 역사적인 장소이다. 이처럼 부산항은 일제의 억압과 수탈의 현장이었지만, 동시에 독립운동의 거점이기도 했다. 국내외 독립 운동가들이 부산항을 통해 연락을 주고받았으며, 부산항 노동자들은 독립운동 자금을 모으고 항일 시위를 벌이는 등 독립운동에 적극적으로 참여하기도 했다.

　부산은 또한 한국전쟁 당시 임시수도가 되어 수많은 피란민을 품었다. 전쟁의 포화를 피해 남쪽으로 내려온 피란민들은 부산에 몰려들었고, 도시는 순식간에 인구 100만 명을 넘어섰다. 열악한 환경 속에서 피란민들의 생존을 위한 최소한의 안식처 역할을 했는데 판잣집이 다닥다닥 붙어 있는 피란민촌은 부산의 새로운 풍경이 되었고, 부산 시민들은 피란민들과 함께 어려움을 나누며 살아갔다. 피란 온 예술가들은 부산에서 활발한 창작 활동을 펼쳤고 전쟁의 상흔 속에서도 부산은 문화 예술의 꽃을 피우는 등 부산은 대한민국 문화 예술의 중심지 역할도 했던 것이다. 소설가 김동리는 부산에서 「밀다원 시대」를 집필했고, 화가 이중섭은 부산에서 〈흰 소〉를 그렸다. 이처럼 부산은 전쟁의 아픔을 예술로 승화시키며 새로운 문화를 창조했던 곳이기도 하다.

「'힘찬 소'를 그린 이 화가는 '힘없는 가장'이었다」,
매일경제(2020.03.18)

「한국 현대사와 함께한 부산 국제시장」, 지역N문화

피란수도 부산의 상징적인 공간으로서 유명한 곳이 국제시장이다. 한국전쟁 시 미군의 원조 물자 및 많은 밀수품들이 흘러들어 국제적인 교류가 일어나서 국제시장이라는 명칭이 붙었다. 전쟁으로 모든 것을 잃은 피란민들은 국제시장에서 장사를 시작하며 삶의 활력을 되찾았고, 전쟁 중 시중으로 유출된 구호물자, 군수물자 및 밀수품 등을 파는 '도떼기시장'은 피란민들의 생계를 위한 터전이 되었다. 유통된 물품들은 셔츠와 옷, 통조림, 기계 부속품, 청과, 양곡, 잡화 등 약 60여 종이었고 하루 거래액도 평균 5천만 원 대에 이르렀으며 시장을 출입하는 인원은 2만 5천여 명이었다. 1946년 초 약 200여 개의 점포에서 시작한 이 시장은 1950년 초 점포수 1,300개, 업종 61개, 시장과 관련해 먹고 사는 사람이 약 10만 명에 이를 정도로 부산 경제계에서 커다란 비중을 차지했다. 이처럼 국제시장은 당시 부산 경제를 지탱하는 중요한 역할을 했다. 오늘날에는 부산의 대표적인 관광 명소로 자리 잡아 피란수도 부산의 역사를 생생하게 보여주는 공간이다.

한국전쟁 이후 부산은 땀과 열정으로 일군 산업화의 중심 도시로 성장하며 눈부신 발전을 이루었다. 이 과정에서 바다는 부산 경제 발전의 원동력이었다. 1960년대 이후, 부산항은 수출입 물동량 증가와 함께 규모를 확장했으며 조선, 철강, 자동차 등 다양한 산업의 발전을 이끌 정도로 대한민국 경제 발전의 중심축으로 성장했다. 1970년대 이후에는 컨테이너 터미널이 건설되면서 컨테이너 물동량 기준 세계 6위를 차지하며, 부산항은 동북아 물류 중심지로서의 위상을 확고히 하고 있다. 그리고 부산 신항은 최첨단 자동화 시스템을 갖춘 컨테이너 터미널로, 부산항의 미래를 이끌어갈 핵심 시설이다. 부산은 항만도시라는 지리적 이점과 풍부한 노동력을 바탕으로 대한민국 산업화의 중심 도시로 우뚝 섰고 또 바다를 중심으로 이루어진 해양문화는 부산 시민들에게는 자부심의 원천이 되었다.

이처럼, '파도가 빚어낸 역사, 부산'은 개항 이후 관문도시로 부산 사람들의 삶이 시작된 곳이었다. 또 일제강점기에는 일제의 억압과 수탈의 현장이 되었지만, 동시에 독립운동의 거점이기도 했다. 그리고 한국전쟁 당시는 임시수도가 되어 수많은 피란민을 품었던 곳으로 전쟁의 상흔 속에서도 부산은 문화 예술의 꽃을 피웠다. 또한 1960년대 이후가 되면 다양한 산업의 발전을 이끌 정도로 대한민국 경제 발전의 중심축으로도 성장했다. 거센 파도 속에서도 어려움을 이겨내고 또 서로 부둥켜 가는 인간의 정이

깃들여져 있는 곳이 이 해양문화도시 부산이다.

2. 삶이 녹아든 바다, 부산

자갈치 아지매의 웃음

펄떡이는 활어처럼 생동감 넘치는 자갈치 시장은 부산 사람들의 삶의 현장이다. 억척스러운 자갈치 아지매들의 웃음 속에는 바다처럼 넓고 깊은 정이 담겨 있다. 이곳은 단순한 수산 시장을 넘어 부산 사람들의 애환과 희망이 녹아 있는, 부산의 역사와 함께 해온 삶의 장인 것이다. 부산 시민들의 삶에서 자갈치 시장은 어떤 의미를 지닐까?

자갈치란 이름은 지금의 충무동 로터리까지 뻗어 있던 자갈밭을 '자갈처'(處)라 불렀던 데서 유래한다. 과거 남포동 해안에 부두가 생기기 이전 어민들이 잡은 생선을 판매하기 위해 자갈밭이 있던 해변가에 좌판을 펼치게 되면서 자연스럽게 시장이 만들어 졌다고 한다. 자갈치시장이 상설화된 것은 1922년 부산어업협동조합이 남포동에 건물을 짓고, 위탁 판매 사업을 시작하면서부터였다. 한국전쟁으로 피폐해진 부산에 수많은 피란민들이 몰려들었고, 그들은 자갈치 시장에서 좌판을 깔고 생계를 이어갔기에 자갈치 시장은 피란민들에게 삶의 터전이자 희망의 상징이 되었다.

자갈치 아지매들의 삶을 들여다보자.

새벽 4시, 칠흑 같은 어둠을 가르는 자갈치 아지매들의 목소리가 정적을 깨운다. 밤새 들여온 싱싱한 해산물을 좌판에 펼쳐놓고 손님을 맞이할 준비를 하는 그들의 손길은 분주하다. "오이소, 보이소, 사이소!" 억센 부산 사투리와 함께 흥정이 시작되고 능숙한 솜씨로 생선을 손질하고, 덤을 얹어주며 손님들을 끌어 모으는 모습은 그야말로 자갈치 아지매의 진면목이다.

하지만 그들의 삶은 결코 쉽지 않았다. 새벽부터 밤늦게까지 쉴 새 없이 일하며 생계를 이어가는 그들의 어깨에는 삶의 무게가 고스란히 얹혀 있었다. 거친 파도와 싸우며 살아온 세월만큼이나 깊게 팬 주름 속에는 삶의 애환이 담겨져 있었지만 그들의 눈빛은 여전히 빛나고 있었다.

「오이소! 보이소! 사이소! 자갈치시장」, VISIT BUSAN

자갈치 아지매들의 웃음은 삶의 고단함을 잊게 하는 활력소였다. 힘든 삶 속에서도 좌절하지 않고 꿋꿋하게 살아가는 자신들의 모습에 대한 자부심을 가지고 있다. 따라서 그들의 웃음은 이러한 자부심의 표현이며, 어려움을 이겨내고 더 나은 삶을 만들어

가겠다는 의지를 담고 있다. 그들은 웃음을 통해 어려움을 극복하고, 주변 사람들에게 희망을 전파했으며 그들의 웃음은 긍정적인 에너지로 가득 차 있었던 것이다. 그리고 따뜻한 인간미를 담고 있어 그들은 낯선 사람에게도 스스럼없이 웃음을 건네며 친근하게 다가간다.

이는 사람들 사이의 벽을 허물고 서로에게 힘이 되어주는 따뜻한 공동체를 만드는 데 기여했으며 억척스러움, 긍정적인 마음가짐, 따뜻한 인간미 등 부산 사람들의 특징을 잘 보여주는 부산의 정체성을 상징하기도 한다. 그렇다면 자갈치 아지매들은 부산 경제와 사회에 어떤 역할을 해왔을까?

그들은 부산 지역 경제 활성화의 핵심 주역이다. 싱싱한 해산물을 저렴한 가격에 판매하며 소비자들을 끌어모으고 이는 자갈치 시장 주변 상권 활성화로 이어졌다. 또한, 자갈치 아지매들이 운영하는 식당들은 부산의 특색 있는 음식 문화를 알리는 데 기여했고 관광객들의 발길을 끌어당기기도 했다. 푸근한 인심과 걸쭉한 입담은 부산을 찾는 관광객들에게 잊지 못할 추억을 선사했고 단순히 물건을 파는 상인이 아니라 부산의 문화를 전달하는 홍보대사 역할을 한 셈이다. 자갈치 아지매들과의 흥정은 자갈치 시장만의 독특한 재미이며, 이는 관광객 유치에 큰 도움이 되었다. 또한 자갈치 아지매들의 걸쭉한 부산 사투리는 부산의 정체성을 상징하는 중요한 요소로 자리 잡았다. 필자도 부산에서 학교를 다녔는데 버스 안에서 '안녕하십니꺼, 자갈치 아지맵니더'가 라디오 방송으로 흘러나오는 것을 들으면서 통학했던 것이 지금도 생생하게 생각이 난다. 따라서 자갈치 아지매들은 부산 경제와 사회에 없어서는 안 될 소중한 존재이다. 부산에 온 관광객들이 맛집 탐방을 하면서 꼭 들리는 곳이 또한 자갈치 시장이다. 부산 사람들의 삶이 녹아든 이곳에, 자갈치 아지매들의 인정이 넘치는 웃음과 맛있는 음식들을 잊지 못하고 관광객들이 계속 찾아오는 그런 공간이 되었으면 좋겠다. 삶이 녹아든 바다로서 두 번째로 소개할 이야기는 영도다리의 추억이다.

영도다리의 추억

영도다리는 단순한 다리가 아니라 부산의 근대 역사와 문화를 품고 있는 소중한 문화유산이다. 1934년 건설된 이후 현재까지 이어져 오는 그 역사는 한국 근대화 과정의 흔적을 고스란히 담고 있다. 이 다리는 부산의 남항과 영도를 연결하는 국내 최초의 도개교로서 그 당시 하루 2~7차례 80도 각도까지 올려졌고, 다리 위로는 전찻길까지 놓여 평소에는 전차가 오고 갔다.

「영도 대교가 도개한 1950년대 모습」 ⓒ부산역사문화대전

그러나 영도다리의 화려함 이면에는 일제에 강점당한 식민지 조선의 아픔이 서려 있다. 개항 이래 일본인들의 영도 이주는 계속 늘어났고 1930년 영도의 인구가 5만여 명에 이르자 나룻배와 도선으로는 뭍과 섬 사이의 늘어나는 왕래를 도저히 감당할 수 없게 되었다. 또 일본으로서는 일본인 어부들이 어항을 쉽게 오가는 것은 물론 군수 물자도 신속히 실어 나를 수 있는 새로운 통로가 절실했다. 그 이면에 버티고 선 것은 영도 전체를 하나의 거대한 요새로 만들어 가고 있던 일제의 군국주의적 야심이었던 것이다. 다리 건설에 동원된 조선인 노무자들은 공사 시작부터 수난을 겪었다. 호안 매립 공사를 하면서 산이 무너져 내려 많은 사람이 목숨을 잃었고, 다리 공사 중에도 희생자들이 속출했다. 이후 일제의 수탈을 견디다 못한 숱한 식민지 조선인들은 이 다리 아래로 스스로 몸을 던지기도 했다.

즉 영도다리는 근대 기술과 산업 발전의 상징이었지만, 동시에 강제징용, 이산가족 등 일제강점기의 아픈 역사를 간직하고 있고 식민지 조선의 아픔을 보여주는 증거이기도 하며 또 해방 후에는 피란민들의 삶의 터전이 되어 희망의 상징으로 자리 잡았던 곳이기도 하다. 한국전쟁 당시, 헤어진 가족을 찾는 피란민들의 애끓는 마음이 응축된 곳이었고 난간마다 붙어 있던 "○○아, 살아있다면 꼭 만나자"라는 빛바랜 쪽지들은 영도다리를 '눈물의 다리'라고 불렀던 계기가 되었다. 하지만 영도다리는 절망의 공간만은 아니었다. 이곳에서 기적적으로 가족과 재회한 사람들의 이야기는 전쟁의 아픔 속에서도 희망을 잃지 않았던 사람들의 강인함을 보여주기도 했다. 특히 1·4 후퇴 때 흥남 부두에서 전차상륙

함(Landing Ship Tank, LST)을 타고 혈혈단신 월남한 '함경도 아바이'들은 산비탈 판잣집 촌에서 살면서 매일 틈만 나면 일가붙이를 찾아 영도다리를 헤매고 다녔다.

영도다리 아래 점집 골목이 생겨나 크게 붐빈 것도 그 무렵이었다. 전쟁통에 헤어진 가족들의 생사를 묻는 피란민들의 애타는 그리움이 점집을 번창시켰다. 산업화 시대에는 도시의 화려한 불빛을 좇아 몰래 집 나간 자녀를 찾으려고 부모들이 영도다리 아래 점집 골목을 찾기도 했다. 그뿐만 아니라. 날품팔이로 지친 일용 노동자들, 기름내 나는 작업복을 두른 조선소 직공들, 학창 시절에 영도로 통학했던 학생들까지 영도다리에는 수없이 많은 삶의 기억들이 새겨져 있다.

「한국전쟁과 영도다리..영도대교 점집 풍경」,
국제신문(2010.06.24)

영도다리는 부산항과 영도를 연결하는 중요한 교통로로서, 부산의 경제 발전에 큰 역할을 했다. 특히 조선, 수산업 등 부산의 주요 산업과 밀접하게 연결되어 있으며, 부산 시민들의 삶과 함께 해온 다리이다. 영도다리 주변에는 깡깡이 마을, 자갈치 시장 등 근대 산업의 흔적을 간직한 명소들이 자리하고 있으며 또한 수많은 예술가들에게 영감을 주는 장소였다. 가수 현인의 〈굳세어라 금순아〉를 비롯하여 수많은 노래와 문학 작품의 소재가 되었으며, 영화 〈범죄와의 전쟁〉, 〈친구〉 등의 배경으로 등장하기도 했다. 영도다리는 부산 시민들의 삶과 애환, 그리고 희망을 담아낸 문화 예술의 보고이며 근대 역사의 흐름 속에서 다양한 의미를 지닌 문화유산이다. 영도다리 아래 펼쳐진 바다는 이산의 아픔을 달래주는 위로의 공간이었고 희망을 잃지 않고 살아가는 사람들의 강인한 의지가 고스란히 남아 있는 곳이다. 영도다리의 역사와 문화를 되새기며 그 가치를 보존하고 후손에게 물려주는 것은 우리 모두의 책임이다.

3. 해양관광의 중심, 부산

부산은 천혜의 자연환경과 풍부한 해양자원을 바탕으로 해양관광의 중심지로 발돋움하고 있다. 아름다운 해수욕장, 싱싱한 해산물, 다채로운 축제 활동은 부산을 찾는 관광객들에게 잊지 못할 경험을 선사한다. 부산의 대표 해양관광 명소로는 해운대, 광안리 해수욕장, 태종대, 오륙도, 송도 해상케이블카, 해동용궁사 등을 들 수 있다. 이 장에서는 지면상 부산의 해양관광지로 가장 많이 알려져 있고 또 남녀노소 불문하고 가장 많이 찾는 '해운대'를 중심으로 살펴볼 것이다.

해운대라는 지명은 신라 말의 학자 최치원의 호 '해운(海雲)'에서 유래되었다. 최치원이 가야산으로 향하던 중 소나무와 백사장이 어우러진 해운대의 절경에 매료되어 동백섬 암벽에 '해운대'라는 글자를 새겼다는 이야기가 전해진다.

「'해운대' 지명(地名)을 지은 위대한 학자, 동백섬 최치원 선생 동상 탐방기」©부산광역시교육청(2020.09.23.)

조선시대에는 해운대가 빼어난 경치로 인해 시인 묵객들이 즐겨 찾는 명소였다. 18세기 문인 이안눌은 〈해운대에 올라〉라는 시를 남기며 바다를 밟고 하늘을 우러러보니 온 세상이 푸르다는 해운대의 절경을 극찬했다. 또한, 18세기 부산을 찾은 당대 대표 화가 정선, 김홍도, 김윤겸, 김응환은 태종대, 해운대, 몰운대 그림을 그려 아름다운 풍경을 화폭에 담아내기도 했다고 한다.

그러나 일제강점기가 되면서 해운대는 단순한 명승지를 넘어 근대적인 해수욕장으로 변모하기 시작했다. 1911년 이와나가(岩

永米吉)와 동업자들이 개발한 해운대온천은 여러 차례 주인이 바뀌다가 1927년 해운대온천합자회사가 인수하면서 본격적인 휴양지 개발의 시동을 걸었다. 20만 엔의 자본금으로 출발한 회사는 아라이(荒井初太郎) 대표의 진두지휘 아래 해운대를 온천 중심의 종합 유원지로 만들겠다는 원대한 포부를 품었다. 당시 해운대온천은 시설이 미비했지만, 아라이 대표는 끊임없는 고안과 투자를 통해 온천 시설을 확충하고 현대화하는 데 힘썼다. 1930년 봄부터 시작된 대대적인 공사 끝에 완공된 해운대온천관은 철근콘크리트 2층 건물로, 웅장한 규모와 세련된 디자인, 최신식 설비를 자랑하며 명성을 떨쳤다. 이듬해에는 20여 평 규모의 대형 온천 풀장과 함께 연회장, 식당, 매점 등 다양한 편의시설을 갖추면서 조선 유일의 온천 풀장을 보유한 최고급 휴양지로 자리매김했다. 실제로 1930년대 초 해운대온천은 연간 평균 4만 명이 찾는 인기 온천이었다. 남성 이용객이 2만 1천여 명, 여성 이용객이 1만 9천 2백여 명으로 남녀 모두에게 사랑받았다. 당시 남성 중심의 유흥 공간이었던 동래온천과는 달리, 해운대온천은 가족 단위 방문객이 많았고 요양과 휴식을 위한 공간으로 자리 잡았다.

해운대온천의 인기로 온천욕을 즐기려는 사람들이 몰려들었고, 1934년 조선총독부는 해운대를 관광지로 지정해 해운대해수욕장을 공식 개장했다. 이로 인해 해수욕장을 찾는 사람들이 점차 늘어났지만, 당시 해운대는 부산 시내에서 멀리 떨어진 한적한 곳이라 물놀이를 즐기는 정도에 그쳤다. 그러나 같은 해 7월 15일, 동해남부선 부산-해운대 구간 철도가 개통되면서 상황은 급변했다. 부산 시내에서 해운대까지 이동 시간이 대폭 단축되면서 해운대를 찾는 사람들이 폭발적으로 증가했다. 오전 6시 부산역을 출발하는 첫차부터 오후 8시 15분 해운대역을 출발하는 막차까지, 하루 종일 열차가 운행되었고 요금은 편도 35전이었다. 철도 개통 첫날, 부산역에서만 1만 명이 넘는 사람들이 해운대로 향하는 기차표를 구매했고, 초량, 부산진, 동래 등 다른 지역에서도 1만 명이 넘는 인파가 몰려들었다. 이로 인해 해운대는 그 어느 때보다 붐비는 모습을 보였고, 이는 해운대가 본격적인 관광지로 발돋움하는 중요한 계기가 되었다.

「1930년대 부산 해운대구 해운대온천호텔」ⓒ부경근대사료연구소

이후 해운대는 부산을 대표하는 해수욕장으로 자리 잡았으며, 여름철에는 수많은 피서객이 몰려들었다. 1937년에는 최초의 해수욕장 시설인 탈의장과 샤워장이 설치되었고, 1940년에는 해운대역이 건설되어 교통이 더욱 편리해졌다. 그러나 일제강점기 해운대의 개발은 일본인의 편의를 위한 것이었고, 한국인은 차별적인 대우를

받았다. 해수욕장 이용료가 비싸 한국인은 쉽게 이용할 수 없었고, 일부 지역은 일본인 전용으로 지정되어 한국인의 출입이 제한되기도 했다. 즉 일제강점기 해운대는 근대적인 해수욕장으로 발전하는 동시에 식민지 수탈의 현장이기도 했던 것이다. 하지만 해운대는 이러한 어려움 속에서도 아름다운 자연환경과 온천 등의 매력을 바탕으로 많은 사람들에게 사랑받는 휴양지로 자리 잡았다. 그러다가 해방 이후가 되면 한국전쟁의 상흔을 딛고 본격적인 관광지로 개발되면서 국제적인 휴양지로 발돋움하게 된다.

1930년대 해운대해수욕장. 사진에 일본인 관광객도 보인다. 나무위키

1957년에는 부산을 방문하는 관광객과 비즈니스 여행객들에게 숙박 및 편의 시설을 제공하는 목적과 우리나라 관광 산업의 발전을 위하여 국영 철도 호텔인 파라다이스 호텔이 설립되었다. 또 1960년대 이후에는 경제 성장과 함께 국민들의 여가 활동에 대한 욕구가 증가하면서 해운대는 본격적인 관광지 개발로 시작

되었다. 1965년에 해운대해수욕장은 국민관광지로 지정되어 정부의 지원 아래 체계적인 개발이 이루어졌다. 해수욕장 시설이 확충되고, 주변 지역에 호텔, 음식점, 상점 등 다양한 편의시설이 들어서면서 해운대는 전국적인 관광 명소로 자리 잡았다. 1970년대 부산 해운대는 신혼여행의 메카였다. 제주도가 신혼여행지로 부상하기 이전에는 부산의 해운대가 최고의 신혼여행지로 각광을 받았다. 특히 1966년 11월 7일에 문을 연 극동 호텔의 유명세 때문에 해운대는 널리 이름을 알리게 되었다. 극동 호텔은 박정희 전 대통령이 부산에 올 때나 여름휴가 때면 찾는 곳이어서 더욱 주목을 받았다고 한다. 1986년에는 해운대 신시가지 기본계획이 확정되었고 1992년부터는 본격적으로 신시가지 개발이 시작되어, 주거 지역, 상업 지역, 공원 등이 조성되면서 해운대는 단순한 해수욕장을 넘어 복합적인 도시 공간으로 변모했다. 1990년대 이후에는 해운대의 개발이 더욱 가속화되었는데 마린시티에는 초고층 주상복합 건물들이 들어서면서 해운대의 스카이라인을 바꾸었고, 센텀시티에는 백화점, 영화관, 벡스코 등 다양한 문화 시설이 들어서면서 부산의 새로운 중심지로 떠올랐다. 2000년대에는 해운대가 영화 촬영지로 각광받으면서 '영화 도시'라는 이미지를 구축했고 〈해운대〉, 〈국제시장〉 등 해운대를 배경으로 한 영화들이 흥행하면서 해운대는 국내외 관광객들에게 더욱 친숙한 곳이 되었다. 이 시기에 해운대는 부산 아시안게임(2002년), APEC 정상회담(2005년) 등 국제적인 행사를 개최하며 세계적인 도시로 발돋움하는 계기를 마련했다. 오늘날 해운대는 해수욕, 해양 레저, 쇼핑, 문화 행사 등 다양한 즐길 거리를 제공하는 세계적인 해양 관광 도시로 성장했으며 매년 부산국제영화제, 부산비엔날레, 해운대모래축제 등 다양한 국제 행사를 개최하며 문화 관광 도시로서의 위상을 높이고 있다. 그렇다면 이와 같은 부산의 해양관광지 해운대에서 해양축제 및 해양문화 예술의 중심지로서의 가치는 어떠했는지 다음 장에서 만나보기로 하자.

4. 해양축제 및 해양문화 예술의 중심, 부산

부산 해운대는 과거의 아름다운 자연환경을 보존하면서 현대적인 도시 인프라를 구축하여 세계적인 해양문화도시로 발돋움하고 있다. 벡스코에서는 매년 다양한 국제회의, 전시회, 박람회 등이 개최된다. 또한, 해운대에서는 해운대모래축제, 부산국제영화제 등 다양한 문화 행사가 개최되어 문화 예술 도시로서의 이미지를 구축했다. 특히, 부산국제영화제는 아시아를 대표하는 영화제로 성장했고 해운대를 세계에 알리는 데 큰 역할을 했다. 그럼 해양축제인 해운대모래축제와 해양문화 예술인 부산국제영화제와 부산비엔날레는 해양문화도시, 부산의 성장에 어떤 가치를 가지는 것일까?

해운대모래축제는 2005년 APEC 정상회담 D-150일 기념행사로 처음 개최되었다. 당시 해운대해수욕장 백사장을 활용하여 특색 있는 행사를 기획하던 중, 모래를 활용한 예술 작품 전시 아이디어가 채택되어 탄생했다. 축제의 소재인 모래를 다양한 콘텐츠와 접목하여 지역 고유의 친환경축제로 자리 잡고 있다. 첫 해에는 단순한 모래 조각 전시였지만, 예상을 뛰어넘는 관람객들의 호응에 힘입어 매년 규모를 확대해 다채로운 프로그램을 선보이는 축제로 발전했다. 주제에 따라 영웅이나 음악을 모래 조각으로 표현하는데 모래 조각 작품은 국내 작가뿐 아니라 세계적인 외국작가들의 작품도 있어 유명작가의 관람기회를 시민들에게 제공하고 있다. 특히 모래 조각이라는 예술적인 요소와 해운대의 아름다운 자연경관이 어우러져 독특한 관광 상품으로서의 가치를 지닌다. 부산 해운대는 우리나라의 여름철 대표적인 피서지로서 피서철 직전의 비수기인 6월에 모래축제가 개최되어 백사장 보존에 대한 관심을 증대시키고, 지역주민의 자발적 참여로 인한 애향심 또한 증대되고 있다. 이처럼 해운대의 아름다운 백사장을 무대로 펼쳐지는 모래 조각 작품들은 부산만의 독특한 해양 문화 콘텐츠로 자리매김하며, 다른 도시와 차별화된 매력을 선사한다. 이는 부산을 해양 레저, 관광, 문화가 어우러진 복합적인 해양 도시로 각인시키는 데 기여한다. 이러한 특색이 있는데도 불구

「'해운대 모래축제' 성황」, 동아일보(2022.05.24)
「모래로 재탄생한 음악가들…부산 해운대모래축제 개막」, 연합뉴스(2019.05.26.)

하고 아직 시민들의 적극적인 참여도는 다소 미비한 면이 있기도 한 것은 사실이다. 앞으로도 축제를 보기 위해 찾아오는 관광객들에게 친절하고 따뜻한 서비스를 제공함은 물론 축제 콘텐츠 다양화, 국내외 홍보 강화 등을 통해 언제나 방문하고 싶은 해운대가 될 수 있도록 지속적인 노력이 필요하다고 생각된다.

부산국제영화제(BIFF)와 부산비엔날레는 해양문화도시 성장에 어떤 역할을 했을까?

부산은 영화의 도시이자 해양 도시이다. 부산국제영화제는 이 두 가지 정체성을 연결하여 해양문화도시 부산의 매력을 더욱 돋보이게 할 수 있는 잠재력을 가지고 있었기에 해운대를 세계적인 문화 예술 도시로 발돋움하게 했으며 아시아 영화의 다양성과 역동성을 세계에 알리는 창구 역할을 해왔다. 1996년, 아시아 영화의 새로운 비전을 제시하고자 출범한 부산국제영화제는 짧은 역사에도 불구하고 괄목할 만한 성장을 이루어냈다. 당시 부산에서 국제영화제가 성공한 것에 대해 많은 사람들이 놀랐다. 성공의 배경에는 우리나라 최초의 영화관이 부산에서 개관되었고, 국내 최초의 영화사도 부산에 있었으며, 최초의 극영화제작운동도 부산에서 시작된 데 있다. 즉 우리나라 최초의 극장인 '행좌'가 1903년에 개관되었고, 국내 최초의 영화제작사인 '조선키네마(주)'가 1924년에 설립되는 등 부산은 국제영화도시로서의 잠재력을 가지고 있었던 것이다. 더욱이 해운대를 중심으로 개최되면서 '영화 도시 부산'의 이미지를 확고히 했고 영화제 기간 동안 해운대는 전 세계 영화인들의 축제의 장이 되었다. 2011년 개관한 '영화의 전당'은 부산국제영화제의 중심 무대이자 해운대의 랜드

마크이다. 독특한 건축 디자인으로 유명한 영화의 전당은 대규모 야외 상영관, 다양한 규모의 실내 상영관, 영화 관련 전시 공간 등을 갖추고 있어 영화 상영뿐만 아니라 다양한 문화 행사를 개최할 수 있는 복합 문화 공간으로 활용되고 있다.

「부산국제영화제 전야제 팡파르…BIFF 광장 열기로 '후끈'」, 연합뉴스(2018.10.03.)
「다시, 함께 영화 속으로… 부산국제영화제 5일 개막」, 부산대언론사(2022.09.28)

해양을 주제로 한 다양한 영화들을 상영하여 해양문화에 대한 이해를 높이고 관심을 유도하기 위한 BIFF 해양 영화 특별전을 실시하며 부산을 배경으로 한 해양 다큐멘터리 제작을 지원하여 부산의 해양문화를 전 세계에 알리기도 했다. 그리고 영화 제작 워크숍, 해양 영화 비평 강좌 등을 통해 해양 영화에 대한 이해를 높이고 시민들의 참여를 유도한다. 이와 같은 행사들을 통해 부산국제영화제는 해양문화도시 부산의 매력을 더욱 돋보이게 하고, 해양문화 콘텐츠 제작 활성화, 해양 관광 산업 발전, 해양 환경 보호 인식 제고 등 다양한 분야에서 긍정적인 영향을 미칠 수 있다. 특히, 경쟁 부문인 '뉴 커런츠'는 아시아 신인 감독들의 등용문으로 자리 잡았으며, 이를 통해 발굴된 많은 감독들이 세계적인 거장으로 성장했다. 다시 말해 부산국제영화제는 단순한 영화제를 넘어, 해양 도시 부산의 정체성을 영화라는 예술을 통해 전 세계에 알리는 문화 플랫폼으로 거듭날 수 있는 역할을 해왔던 것이다.

한편, 부산비엔날레는 1981년 부산 지역 작가들의 열정과 자발적인 참여로 시작된 부산청년비엔날레를 뿌리로 한다. 이후 바다미술제와 부산야외조각대전이 각각 1987년과 1991년에 창립되었고, 이 세 개의 전시가 통합되면서 오늘날 부산비엔날레의 토대가 마련되었다. 1998년과 2000년에는 부산국제아트페스티벌(PICAF)이라는 이름으로 두 차례 전시를 개최한 후, 공식적으로 부산비엔날레로 명칭을 변경했다. 부산이라는 해양 도시의 지리적 특성과 역사적 배경을 바탕으로, 부산비엔날레는 해양을 주제로 한 다양한 작품들을 선보이며 부산의 문화적 정체성을 더욱 풍요롭게 만들어 왔다. 회화, 조각, 설치미술, 미디어 아트, 퍼포먼스 등 다채로운 현대미술 장르를 통해 시민들에게 새로운 예술적 경험을 선사하고 현대미술에 대한 이해를 높이는 데 기여했다. 또 부산이라는 도시의 개방성과 역동성을 바탕으로 부산비엔날레는 틀에 갇히지 않고 다양한 시도를 통해 예술의 지평을 넓혀왔다. 특히, 그동안 주목받지 못했던 부산의 숨겨진 이야기들을 예술로 발굴하고 소개함으로써 도시의 새로운 문화적 지형도를 그렸다. 폐공장, 기차역, 놀이공원 등 기존의 전시 공간을 벗어나 도시 곳곳의 유휴 산업 시설을 예술적 공간으로 변모시켜 도시 전체에 활력을 불어넣고, 예술을 향유할 수 있는 기회를 확대했다. 전시 관람뿐만 아니라 다채로운 교육 프로그램, 워크숍, 아티스트 토크 등 시민 참여 프로그램을 통해 현대미술을 더욱 친숙하게 접하고 즐길 수 있도록 한 것이다. 매년 다른 주제로서 행사를 진행하는데, 가령 2022년에 '물결 위 우리'라는 주제로 개최된 부산비엔날레는 근대 이후 부산의 역사와 도시 구조의 변천 속에 새겨진, 또 오랜 세월 부산으로 유입되고 밀려났던 사람들의 감추어진 이야기를 돌아보고, 이를 전 지구적 현실과 연결 시켜 바라보았다. 전시는 이주, 노동과 여성, 도시 생태계, 기술변화와 공

「북항 1부두 창고 '복합문화공간' 탈바꿈」, 부산일보(2022.04.12)
「2022 부산비엔날레 3일 개막…부산항 1부두 시민에 첫 공개」, 부산일보(2022.09.04.)

간성을 중심축으로 삼아 부산의 구체적인 사건과 상황을 참조하고 이와 관련된 다른 지역의 이야기를 살폈다.

행사장은 매회 다르고 미술관, 문화회관, 올림픽 공원, 해운대 해수욕장 등에서 실시된다. 2022 부산비엔날레는 초량 산복도로, 영도 폐공장, 부산항 1부두 폐창고 등 부산 산업화의 상징적 유산들을 전시 공간으로 활용하여 지역의 사회문화적 정체성과 역사를 예술로 재현하는 새로운 시도를 선보였다. 이주 여성과 신발 산업의 역사가 담긴 초량, 해상 물류와 문화 교류의 중심지였던 부산항, 조선업과 여성 노동의 역사가 깃든 영도 등 각 지역의 특성을 반영한 작품들은 도시 재생과 공공 예술의 접점을 보여주며, 유휴 공간을 문화 예술의 공간으로 재탄생시키는 가능성을 제시했다. 이처럼 부산비엔날레는 삶에 대한 고민과 현대 사회의 다양한 현상들을 예술로 풀어내고 함께 사유할 수 있는 공간을 제공하며, 예술을 통해 사회와 소통하고 공감하는 장을 만들어 왔던 것이다. 이에 국내외 유명 작가들의 작품을 선보이며 부산 시민들에게 세계적인 현대미술을 경험할 수 있는 기회를 제공하고, 부산을 국제적인 미술 도시로 발돋움시키는 데 이바지해 오는 등 부산지역의 균형 발전에도 기여했다. 이 부산국제영화제나 부산비엔날레가 향후에도 해양문화도시 부산의 매력을 극대화하고 영화, 미술과 해양이라는 키워드를 통해 부산만의 독특한 문화적 가치를 창출하는 능력을 배양하여 세계적인 해양문화도시로 발돋움할 수 있기를 기대한다.

5. 미래를 향해 나아가는 해양문화도시, 부산

부산은 개항 이후 격동의 역사를 거치며 아픈 역사의 현장이기도 하지만, 동시에 미래를 향해 나아가는 대한민국의 관문이자 대한민국 경제 발전의 중심 역할을 해왔다. 그리고 부산은 바다와 함께 살아온 도시이고 부산 사람들의 삶에는 바다의 숨결이 녹아들어 있다. 특히, 영화, 예술, 그리고 해양문화가 어우러진 독특한 매력을 가진 도시로서 정체성을 확립하고 발전시키기 위해 해양축제를 비롯해서 부산국제영화제, 부산비엔날레 등 주요 축제들을 적극적으로 활용하고 있다. 그리고 이런 행사가 모두 국내외 관광객을 유치하여 지역 경제 활성화에 기여하고 있는 건 사실이다. 그러나 아직도 아쉬운 점은 이런 주요한 행사들이 부산의 해양적 특성을 충분히 반영하지 못하여 해양문화를 주제로 한 영화, 전시, 조각 등 다양한 콘텐츠 개발이 부족한 편이다. 그리고 축제 기간 외에는 해양문화를 체험하고 즐길 수 있는 기회가 부족하여 지속성이 미흡한 것을 알 수 있다. 이에 해양문화를 즐길 수 있는 다양한 프로그램을 개발하고, 해양문화 시설 확충 및 연계 프로그램 개발을 통해 지속 가능한 발전을 추구해야 한다. 또한 시민들이 직접 참여하고 즐길 수 있는 다양한 콘텐츠를 개발하고, 시민들의 의견을 적극적으로 수렴하여 축제 운영에 반영해야 한다고 생각한다.

공미희

09
지방문학, 혹은 고유한 것들의 장소화
－오성은의 『라스팔마스는 없다』를 중심으로

1. 글로벌, 로컬, 리저널의 관계 속에서

널리 알려진 바대로 푸코의 계보학은 하나의 실체로 가정되는 역사적 대상의 '기원(Ursprung)'에 대한 서술들을 공략한다. 그처럼 기원에 터한 서술들은 매끄러운 목적론의 서사를 통해서 우발적인 사건의 대상들을 역사적인 필연의 결과물인 것처럼 실체화하기 때문이다. 그러므로 존재의 문제는 언제나 그 '목적'이 아닌 '계보'를 파고들어야 한다. 국민국가 내부의 각 지방이 독립적인 정체성을 강조하게 되었던 것도 역시 어떤 거시적인 차원의 역사적 전환 속에서 이루어진 담론 정치의 한 과정을 반영하는 것이었다. 이른바 냉전체제가 탈구축되는 1990년대를 전후로 한 시기는, 국제정치의 지정학적 상황이 급변하면서 미소 양극의 안정적인 대립체계가 신자유주의적 체제로 급전되면서 이행기의 혼돈과 그에 수반하는 창의적인 활력이 넘실거리던 때이다. 요컨대 미소 양극의 질서에 제약되었던 국가들, 즉 로컬(local)의 영역은 글로벌(global)의 거시적 지평 속에서 새로운 힘의 재편과 함께 크게 요동했다. 글로벌의 역학은 기존에 작동하던 로컬(국민국가)의 논리와 형식을 뒤흔들었고, 그런 요동은 유럽연합이나 아세안 등 블록화(권역화)라고 하는 또 다른 형태의 지경계적 개념인 리저널(regional)에 대한 담론을 촉발시켰다. 한국의 1990년대를 풍미했던 동아시아 담론 역시 바로 그 리저널의 부상을 증명하는 하나의 사례였다. 리저널은 글로벌(일반)과 로컬(특수)의 양극단을 잇는 매듭이자 그 힘의 길항을 조율하는 일종의 균형자 역할을 기대 받았다. 그리고 탈냉전 이후의 거대한 역사적 전환과 이행 속에서 로컬, 즉 국민국가 내부의 지방(province)들이 각자 그 독립성을 자각하고 자치와 자율을 주창하게 되었다. 한국에서 지방자치단체장의 선거가 시작된 것이 1995년이었고, 한국의 지방문학 연구를 본격적으로 이끌었다고 할 수 있는 '경남지역문학회'가 설립되어 학회지 『지역문학연구』를 창간한 것이 1997년이었다. 그러나 지방이라는 자치의 단위에 대한 자각이, 고유한 것들의 존중이라는 정의로운 흐름 속에서 순순히 이루어진 것만은 아니다. 그것은 최강의 패권국가로 올라선 미국의 세계화 논리, 즉 분할해서 통치한다는 바로 그 제국의 논리에 휩쓸린 결과이기도 했다. 전일적인 것의 지배전략은 언제나 그렇게 하나의 덩어리를 나누고 자르는, 이른바 유기적인 전체를 위계적인 지역단위로 분해

시키는 과정을 통해서 실행되어 왔다.*

  국민국가 내부의 지방이 담론의 장에 부상하게 되면서 지방은 중앙이라는 실체 없는 가상의 관념과 짝패를 이루어 종속이나 대항과 같은 정치적 언설들을 생산해냈다. 중앙과 지방, 경(京)과 향(鄕)이라는 이항 대립의 개념이 조장해낸 지배와 종속의 구도를 전유하여, 지방을 오히려 저항과 창의의 공간으로서 역전시키려는 해방의 담론들이 기획되었던 것이다. 그러나 중앙은 지방을 실체화하기 위해 조작된 일종의 이데올로기적 관념이었으며, 소외받았다는 원망과 인정받고 싶다는 선망의 그 이율배반적 정념이 향하는 상상의 자리이기도 했다. 장정일은 시 「중앙과 나」에서 중앙과 지방이라는 짝패의 이데올로기를 이처럼 신랄하게 표현했다. "〈중앙〉이 어딘가?/ 〈중앙〉은 무엇이고 누구인

---

* 전주의 비빔밥, 산청의 약초, 화천의 산천어와 같이 각 지방의 표상을 상품화하는 시장의 논리는 바로 그 세계화의 추세 속에서 이루어진 지방화의 전형적인 단면이다. 마리아 미스의 이런 지적이 동서 냉전 이후의 세계화가 부추긴 지역의 분할과 그 상품화의 논리를 적확하게 꼬집고 있다. "지역문화들은 조각조각 나뉘어 그 단편들이 세계시장에서 팔릴 만한 상품이 될 때에야 비로소 '가치'를 지닌다고 간주된다. 음식이 '민속음식'이 되고 음악이 '민속음악'이 되고 전통설화가 '민속학'이 되어야만, 그리고 기술이 관광객에게 팔 '민속품' 생산으로 연결되어야만 비로소 자본축적 과정은 이런 지역문화에서 이득을 취할 수 있다. 이처럼 지역문화가 해체되고 그 조각조각이 상품화되는 동안 이 조각난 단편들은 세계시장에서 '재결합'되고 그리하여 모든 문화적 다양성은 표준화되고 동질화된다." (마리아 미스·반다나 시바, 손덕수·이난아 옮김, 『에코페미니즘』 개정판, 창비, 2020, 64-65쪽)

가?/ 보이지도 들리지도 않는 〈중앙〉으로부터/ 임명을 받았다는 이자의 정체는 또 무언가?/ 〈중앙〉을 들먹이는 그 때문에/ 자꾸 〈중앙〉이 두려워진다" 1990년대 중후반 이후에 등장했던 '지역문학'이라는 담론은 지금도 각 지방의 문인과 학인들에게서 생산, 유지, 강화되고 있는 것처럼 보인다. 예컨대 그 지방 출신의 문인을 기리고 기념하는 방식의 제도화 과정이 단적이다. 그 문인들의 이름을 딴 문학관을 건립하고, 역시 그 이름을 딴 문학제와 문학상을 시행하는 등의 제도적인 기념화의 행태가 전형적이다. 기억하고 추념해야 할 지방의 문인을 기리는 일이 그 자체로 문제가 될 것은 아니다. 다만 그것이 비판 없는 신화화나 성역화로 빠져들거나 그 상징적 자본을 둘러싼 볼썽사나운 이권다툼으로 변질될 때, 그 기념화의 의욕들은 공공성에 반하는 추태가 될 수밖에 없는 것이다.

지방문학은 글로벌, 로컬, 리저널의 역학과 맥락 속에서 구성되는 것이기 때문에 그것을 유별나게 '지역문학'이라는 명명으로써 실체화하려는 담론의 정치에 대해서는 언제든 어떤 모종의 의심과 함께 살뜰한 비평적 개입이 이루어져야 한다. 담론의 정치에 휘둘리지 않으면서 그 지방의 문학을 살뜰하게 일구고 또 성심으로 연구해나가려면 그런 비평적인 개입을 통한 쟁론이 절실하다. 그것은 당연히 부산의 문학장에서도 긴요한 일인데, 자기동일성의 내셔널 히스토리가 배제하거나 누락한 것들을 자료의 발굴과 실증을 통해서 성실하게 복구해온 박태일의 방대한 작업들이 그 비범한 모범이 되어주었다. 어수선하게 흩어져 있는 향파 이주홍의 작품들을 나름의 정성과 성심으로 면밀하게 수집, 정리, 해석해온 류종렬의 작업도 마찬가지다. 식민지기의 매체들을 비롯하여 까다로운 문헌자료들을 꼼꼼하게 살펴서 부산 근대사의 중요한 공백들을 알뜰하게 메워온 김승(『근대 부산의 일본인 사회와 문화변용』, 2014), 전성현(『식민지 도시와 철도』, 2021)의 작업도 지방사학의 소중한 자산이다. 지방문학 연구의 내실은 그 지방 문학의 담론장에서 헤게모니를 쥐고 있는 이들의 패권적인 목소리에 의해서 규정되는 것이 아니라, 이 같은 연구자들이 발로 뛰고 몸을 움직여서 이룩한 것들로써만 비로소 탄탄하게 다져지고 입증될 수가 있다. 지방문학의 창작이라는 것도 마찬가지다. 그 지방의 지명, 풍토, 역사를 소재화한다고 해서 훌륭한 지방문학이 되는 것이 아니다. 위대한 예술은 모두 자기의 사는 곳과 사는 때에 충실하다. 그러므로 자기의 사는 장소, 그 삶에 충실한 모든 좋은 창작품들은 당연히 지방문학일 수밖에 없다. 그 지방(장소)의 삶을 다루지 않는 문학이 없다는 점에서 모든 문학은 지방문학이다. 예민한 장소감각으로 그 장소성의 의미를 깊이 궁리해낸 다음, 그에 가장 합당한 형식을 찾아 진부함에 맞서며 정성을 다해 표현해낸 작품이라면 그것이 곧 훌륭한 지방문학인 것이다.

2. 장소와 공속감

부산이라는 지역을 '특별히' 호명해야 하는 이유는 무엇인가. 그 지명은 일반적인 지리적 정보를 함축하고 있는 '공간'으로서

가 아니라 누군가의 특별한 경험이나 기억의 '장소'로 떠오를 때 그 나름의 고유한 의미를 띠게 된다. 철학자 김영민은 그러한 장소화의 이치를 다음과 같이 간결한 문장으로써 포착하였다. "장소(감)의 요점은 어떤 형식의 가없는 노동이 쌓이고 묵혀져 만들어진 삶의 총체적 무늬에 있다."* 요컨대 장소는 그 사람에게 어떤 '일'이 벌어지거나 일어난 곳으로서 아무 '일 없는' 공간과는 뚜렷하게 구별된다. 여기서 일이란 우발적인 사건이기도 하고 나날의 노동이기도 하다. 아무 일 없는 빈 공백으로서의 공간에 일의 흔적이 새겨질 때, 마침내 그곳은 단 하나의 고유한 장소가 된다. 그 숱한 일들 중에서도 특히 지리적 공속감(共屬感)을 불러일으키는 공동체의 장소감각에 주목할 만하다. 부산을 비롯해 특정의 지명이 사람들에게 어떤 공통의 장소로서 부각하게 되는 것은 공속감을 불러일으키는 바로 그 특정한 일(사건)들과 깊이 연관되어 있다. 예컨대 광주는 1980년의 5월에 벌어진 그 일들과 결코 떼어질 수 없으며, 진도의 팽목항은 세월호의 침몰이라는 그 일을 절대로 망각할 수 없는 것이다. 그래서 흔히 배타적인 '지역감정'이라는 말로써 매도되는 그 지방의 집단적 정동은, 그것이 만들어지게 된 미묘하고 복잡한 맥락과 상황들을 무시한 채 쉽게 단정될 수 있는 그런 것이 아니다.

 제각각의 사람들이 특정한 지역을 매개로 하여 하나의 공통체적 감각을 느끼게 되는 데에는 역시 기억, 기록, 표상 등의 장소화의 이치가 긴밀하게 작용한다. 그래서 세속의 정치는 그 지역

---

* 김영민, 『집중과 영혼』, 글항아리, 2017, 924쪽.

의 사람들을 하나의 집단으로서 동원하기 위해 공공연히 그 장소화의 메커니즘을 이용해 왔다. 구미 출신의 박정희가 TK라는 지역을 집단적으로 장소화하는 역사적 기억의 매개자인 것처럼, 목포 출신의 김대중은 전라도 사람들을 하나로 결속하게 만드는 그 장소화의 정동을 이끄는 핵심 인물이다. 마찬가지로 대중적인 스포츠의 지역 연고가 그러한 것처럼, 서로 다른 감수성을 갖는 사람들의 그 이질성을 한데 결집하는 데에는 지역이라는 공통성을 작동시키는 장소화의 논리가 지극히 효율적이다. 그러나 그렇게 조장된 지역감정에 휘둘려서 세속의 정치나 시장자본의 논리에 쉽게 동원당하는 피동적인 객체가 되지 않으려면, 공간을 장소로 반전시키는 그 장소화에 능동적이고 창조적으로 개입할 수 있는 건강한 주체화의 역량이 필요하다. 그러므로 그 같은 객체화 내지 대상화로서의 장소화에 저항하고 대항하기 위해서는, 바로 그 지방에서 이루어져왔던 자기의 고유한 경험들을 스스로가 살뜰하고 정성스럽게 장소화해낼 수 있어야 한다. 그런 능동적 주체화로서의 장소화는 그 사람을 자기의 장소로부터 소외 내지 물화당하지 않게 해 주는 가장 적극적이고 창의적인 방법이다.

 그렇다면 부산의 지역감정, 부산 사람들의 공속감각을 만들어내는 이 지역의 공통적 표상은 무엇인가. 누군가는 김영삼을 지지했던 야도(野都)의 정체성이나 유신체제의 종막을 이끈 부마항쟁의 역사를 내세우며 정치적인 정동을 자극하고, 또 어떤 이는 야구 도시 부산의 유별난 팬덤 문화를 자랑하며 롯데 자이언츠라는 구단의 편력에 깃든 기억들을 호출해 끈끈한 동지애를 부추길지도 모르겠다. 그러나 부산을 표상하는 그 숱한 상징의 소재들 중에서도 한반도 남단의 거대 항구도시라는 천혜의 지리적 조건을 따를 것이 없어 보인다. 그리고 바다를 끼고 있다는 그 입지적 조건에서 비롯되었던 역사적 곡절과 사건들, 그러니까 조선통신사, 관부연락선, 귀환동포, 피란수도, 원양개척 등과 관련된 그 숱한 드라마틱한 이야기들이야말로 부산이라는 지역을 집단적으로 장소화하는 가장 유력한 표상들이라고 할 것이다. 그래서 부산의 작가들 중에는 바로 그 해역의 시각으로 이 도시의 역사를 기리거나, 바닷사람들의 억척스럽고 끈질긴 생존과 생활을 파고드는 이들이 적지 않았다. 그러니까 부산이라는 공간이 하나의 지방으로서 특별하게 호명되고 그 특유의 정체성을 얻게 되는 것도 예의 그 본질주의적인 실체화의 과정, 즉 특정한 표상의 반복적인 서사화(장소화)라는 담론의 정치를 통한 것이었다.

　조선통신사문화사업회의 위원장으로 일하기도 했던 작가 강남주는 장편소설 『유마도』(2017)에서 동래부순절도와 부산진순절도를 그렸던 동래부의 화가 변박이 그린 '유마도'에 얽힌 교류의 역사를 조선통신사 사행단의 심상치 않은 여정을 통해서 풀어냈다. 『하하하 부산』(2019)이라는 에세이를 통해 부산 곳곳의 장소들에 새겨진 자신의 추억과 주민들의 생활사를 담아냈던 소설가 배길남은 오랜 공력을 들여 초량왜관 이전의 두모포왜관을 배경으로 한 장편소설 『두모포왜관 수사록』(2023)을 집필했다. 이 소설은 근대로의 이행기에 있던 당대의 동아시아를 거시적으로 조망하는 시각에서, 그것과 결부된 조선이라는 로컬의 역사적 맥락과 결부된 지방(동래부 즉 지금의 부산)의 구체적 실상을 이 작가 특유의 하위 장르적 상상력(추리소설, 연애소설, 건달소설)을 통해서 흥미롭게 그려냈다. 이른바 역사물에 있어서 그 창작자들은 사료(자료)의 물신화를 특별하게 주의해야 하고, 당대와의 시간적 거리감에 대한 긴장을 늦추지 않음으로써 그 역사를 통속화하는 일이 없도록 조심해야 한다. 그러니까 창작의 일에서 바로 그 주의와 조심을 실천하는 것이 다름 아닌 장소화이다.

식민화된 조선과 제국 일본의 연결점이자 매듭으로서 부산의 면면은 이인직의 『혈의 누』(1906), 이광수의 『무정』(1917), 염상섭의 『만세전』(1922)에서 부산항, 삼랑진, 초량 일대의 핍진한 묘사 속에 그 제국주의적인 함의가 은근하고 은밀하게 새겨져 있다. 그리고 산업화 시기의 부산항을 배경으로 원양어선 선원들의 생활사를 핍진하게 그려냈던 윤정규(「한수전」, 1971)와 윤진상(「모반의 도시」, 1981; 「구멍 속의 햇빛」, 1987)의 소설들이 그때의 시대상을 귀하게 증언하고 있다. 선원들의 해양체험과 그 실존적인 정신의 번민을 소박한 휴머니즘의 차원에서 표현했던 천금성, 옥태권, 이윤길의 소설들은, 그 작가 본인들의 승선 체험을 바탕으로 한국의 해양소설을 개척하고 일구어낸 공로가 작지 않다. 그럼에도 이들의 작품은 그들의 바다 체험을 생생하게 육화(장소화)해내기보다는 '해양'에 대한 목적의식(자의식)이 지나치게 투영됨으로써 그것을 어떤 관념화된 대상으로 그려내는 데 치우치고 말았다. 그것은 대상을 하나의 내용으로 실체화함으로써 결국은 그 객체를 주관적으로 압도해버리고 마는 그 모든 주객이원론의 문제를 고스란히 답습하는 것이다. 장소를 표상하려는 드센 마음을 누그러뜨리고 홀연히 그 장소에 빠져 듦으로써 무심하게 그것을 드러내게 만드는 것, 그것이 바로 작가의 실력이 드러나는 결정적인 대목이라고 할 수 있다. 그렇게 경험의 물신을 능가하는 주체의 요량이야말로 자기를 절제하는 고수의 기량인 것이다.

3. 또 다른 문을 내는 도주의 길: 오성은의 『라스팔마스는 없다』

장편소설 『라스팔마스는 없다』(2023)는 부산에서 나고 자란 작가가 부산을 배경으로 쓴 소설이다. 그래서 어떤 선입견과 통념에 따라서 이른바 '지역문학'이라는 구태의연한 담론으로 소비되기에 딱 맞는 작품일 수 있다. 영도 출신의 소설가 오성은이 외항선의 선원으로 일했던 아버지의 이야기를 특유의 판타지와 상상력을 통해서 표현한 작품이고, 영도라는 섬과 외항선 선원의 이야기를 소재로 했다는 것은 그런 상투적인 지역담론의 기호에 맞춤일 것이기 때문이다. 그러나 이제는 비평이 지역이라는 이데

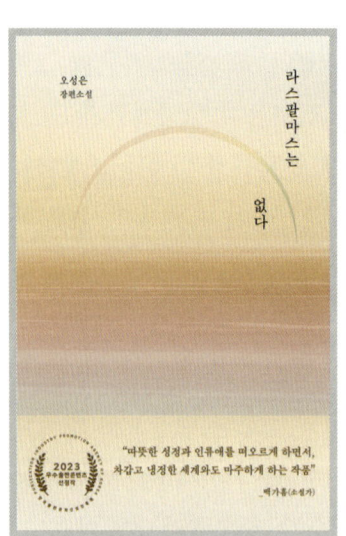

『라스팔마스는 없다』 표지

올로기를 함부로 휘두르며 그런 식의 환원론적 해석을 자행하는 일이 없어야 하겠다. 이 소설은 그 장소에서 오랫동안 몸을 움직여 노동하고 생활을 꾸려왔던 이의 삶, 그 구체성의 감각을 저 멀고 먼 세계에 대한 동경과 절망의 판타지에 얹혀서 그려내고 있다. 여기서 다시 장소의 사상에 대한 김영민의 언설을 인용해서 새겨보기로 한다. "공부나 수행은 일모도원(日暮途遠)의 한숨이 절로 나올 정도의 긴 여정이므로, 응당 '몸'이 중요하고, 따라서 그 몸을 앉힐 '자리'(장소)가 중요하다. '장소'란 한마디로 사람과 사물들의 긴 노동과 응하기의 이력과 함께 어울려 내려앉은 웅숭깊은 자리를 말한다. 이 장소(감)는 공동체의 장기적 생산성에 결정적인 가치를 갖는다."* 요컨대 장소는 일상의 생활과 나날의 노동이 이루어지는 고귀한 터전으로서 온몸의 공부를 일구어내는 도량이자 수행처이다. 오성은이 그리고 있는 가족 삼대의 어떤 서글픈 운명의 서사는 몸이 살아낸 그 지난하고 애틋한 시간들을 영도라는 섬(형이하학의 세계)과 그곳으로부터 멀리 떨어진 저 라스팔마스(형이상학의 세계)라는 양극단의 장소를 통해서 현상해내려 했던 하나의 시도이다. 그러니까 나는 그 시도가 몸과 장소를 노동이라는 부정의 변증법을 통해서 매개하고 있는, 일종의 공부와 수행에 육박하는 것이라고 말하고 싶은 것이다.

"내가 어렸을 때 어머니가 점을 본 적이 있었지. 우리 심가(家)는 궁둥이를 붙이면 필히 망할 팔자라고, 평생을 쏘다니며 살아야 한다더구나. 평생 흘러 다니기에 바다보다 더 좋은 곳이 어디

---

* 앞의 책, 922쪽.

있겠어. 자고로 삼대가 바다에서 살아갈 운명이라더구나."* 다시 말하지만 이 소설은 이처럼 어떤 운명의 힘에 이끌릴 수밖에 없었던 가족 삼대의 이야기다. 그러나 더 정확히 그 구도는 아버지와 아들이라는 양자 간의 관계에 집중되어 있다. 서사의 중심에 있는 심만호를 가운데 두고, 그와 아버지 그리고 그와 아들의 이야기가 펼쳐진다. 심만호는 가족을 남겨두고 라스팔마스로 떠나가 버린 아버지에 대한 애증 속에서 번민하고 방황했던 사람이다. 하지만 그는 아버지에 이어 자신에게까지 드리웠던 그 떠도는 자의 운명을, 아들 규보가 순응하고 받아들이기를 바라는 것처럼 보인다. 대학을 졸업한 뒤에 몇 차례 공무원 시험에서 떨어지고 한 경비원 업체의 직원으로 9년을 성실하게 근속하던 규보를 본인의 유류선에서 일하게 한 것이 다름 아닌 심만호였다. 아버지와 일하는 방식이 맞지 않았던 규보가 결국은 반 년 만에 뱃일을 그만두고 편의점을 차렸지만, 심만호는 그런 아들에게 "자신과는 다른 선택을 할 줄 알았다며 쓸쓸함을 감추지 않았다."(89쪽) 여기서 쓸쓸함이란 그 자신이 영도라는 좁은 섬을 벗어나 먼 바다를 떠돌다가, 아내의 죽음 때문에 남은 아들을 돌보기 위해 어쩔 수 없이 귀향할 수밖에 없었던 것에 대한 안타까운 심사를 가리키는 것처럼 보인다. 그래서 그는 뱃일을 그만두겠다는 아들에게 이렇게 말했던 것이다. "규보야. 목줄을 끊고 달아나야 대초원이 보이지. 묶여 있으면 가축이나 다를 바 없다."(28쪽) 자기의

---

* 오성은, 『라스팔마스는 없다』, 은행나무, 2023, 43쪽. 앞으로 이 작품을 인용할 때는 본문의 인용문 옆에 쪽수를 병기한다.

영토에 안주하고 정착하는 것이 아니라 우발적인 미래의 사건들 속으로 기투하고 운명을 껴안으며 유목하는 삶, 심만호가 바랐던 것은 바로 그 아모르 파티(Amor Fati)가 아니었을까.

소설이라는 장르에서 아버지와 아들 사이의 갈등은 대체로 세대 간의 가치관 대립과 새로운 시대로의 역사적인 전환을 함축한다. 이 소설에서 삼대의 중간에 위치한 심만호는, 특이하게도 아들의 보수적인 정착의 태도와 서로 대립한다. 규보는 경찰직 공무원을 다섯 번이나 도전하고 입사한 경비업체에서 9년을 근속할 정도로 한 가지 일에 고집스러운 면모를 드러낸다. 아버지와 다르게 규보는 술도 그다지 즐기지 않는 것처럼 보인다. 물론 알츠하이머 초기의 아버지를 걱정하는 마음이겠지만 그는 심만호가 건네는 술잔을 거부했다. 올더스 헉슬리가 『지각의 문(The Doors of Perception and Heaven and Hell)』(1954)에서 고백했고 록 밴드 '도어스(The Doors)'의 짐 모리슨이 몸소 보여주었던 것처럼 술과 약물은 또 다른 세계의 문을 열어주는 매개체이다. 그것은 글쓰기 모임 '이문(二門)'에서 심만호가 썼던 글 속에 모종의 '붉은 액체'를 마시고 다른 세계로 건너가는 차유민의 이야기를 통해서도 그 일면이 잘 그려져 있다. 아무튼 그와 같은 규보의 완고한 모습은, 아들의 역동적이고 진보적인 면모가 아버지의 폐쇄적이고 보수적인 태도와 갈등을 벌이는 일반적인 소설의 양상과는 차이가 있다. 그러나 소설의 주인공이 아버지 심만호이고, 아들 규보는 그 이야기를 전하는 서술자 역할을 맡고 있다는 점에서 이 소설의 지향점이 어디인가를 가늠할 수 있다. 그리고 더 중요한 것은 삼대의 가족사에서 심만호가 위치한 자리, 그 위상학적 의미이다.

솜씨 좋은 목수였던 아버지가 현실의 좌절을 맞보고 원양어선의 선원이 되어 라스팔마스로 가서 정착하게 되는 것은 일종의 도피라고 할 수 있다. 소설의 제목에서 선명하게 드러나듯, 라스팔마스는 구체적인 생존과 생활의 장소가 아니라 지양되어야 할 추상적인 관념의 공간이다. 그렇게 현실 도피의 처소이자 형이상학적인 환상의 공간인 라스팔마스에 대비되는 것이 생활의 터전인 영도이다. 영도는 결혼하고 아이를 낳아 기르고 병든 부모를 돌보아야 하는 구체적인 생활의 장소이다. 그러나 작가는 여러 정황을 통해서 이 섬이 영도임을 충분히 짐작하게 하면서도, 그 지명을 구체적으로 명시하는 것을 의도적으로 회피하고 있는 것처럼 보인다. 이는 관념의 공간 라스팔마스를 분명하게 지칭하고 있는 것과는 구별되는 태도이다. 심만호는 영도와 라스팔마스, 생활과 관념, 형이하학과 형이상학의 공간 사이에 있다. 그는 아버지를 좇아 라스팔마스를 지향했으나 아들을 돌보기 위해 영도로 돌아와야 했다. 아버지(환상)와 아들(현실)이라는 양극단 사이의 그 모호한 자리를 박차고 자기를 해방할 수 있는 중용(中庸)의 자리에서 마침내 노마드로 살아갈 수 있기 위해서는, 가족이라는 그 애틋하고 질척한 인력(引力)에서 벗어나야만 한다.

 심만호는 노마드이기를 바라는 사람이다. 그러나 가족은 강력한 정착의 집합체이다. 가족은 심만호를 정주하게 만드는 인력의 원천이다. 그는 아픈 어머니를 돌봐야했기 때문에 섬의 부두 노동자로 일해야 했다. 결혼 후 외항선을 타고 원해를 떠도는 중에 전보로 전달된 아들의 출생 소식이 그를 섬으로 불러들인다. 그러나 그는 특별휴가가 주어졌음에도 귀향하지 않는다. 가족을 책임지지 않고 떠난 아버지에 대한 원망과 선망이 그의 마음을 복잡하게 사로잡고 있다. 그래서 그는 가족을 버리고 떠난 아버지의 그 라스팔마스를 좇으며 섬의 바깥 저 먼 바다로 이끌리는 원심력에 지배당한다. 그리고 그는 결혼 전에 어머니에게 그랬던 것처럼, 결혼 후에는 아내와 아들에 대한 가장으로서의 책임감이라는 그 구심적 힘에 이끌려 영도로 되돌아올 수밖에 없었다. 구속을 벗어나 해방되고 싶었지만, 차마 아버지처럼 무책임한 가장일 수는 없었던 것이다. 심만호가 고향 후배 조강우와 친해질 수 있었던 것도, 두 사람 모두 가정을 버린 아버지에 대한 원망(혹은 선망)이라는 공통의 정념을 서로 공유했기 때문이다. 가정을 버린 아버지를 원망하며 영도다리에서 투신을 시도했던 조강우를 만

영도의 부산대교

류했던 것은 심만호의 어머니였다. 떠나고 다시 만나는 사람들의 처소였던 영도다리는, 그야말로 섬과 육지와 같은 서로 다른 두 세계를 잇는 가교였다. 투신 소동 이후에 고향을 떠났던 조강우가 오랜 세월이 지나고 다시 영도로 돌아와서 깡깡이 예술마을에서 준비하는 전시의 제목이 '돛과 배'이다. 그 전시를 권유한 사람, 그러니까 그것의 진짜 기획자는 심만호였다. 심만호는 언제나 돛을 펼쳐 바람을 타고 섬 바깥의 저 멀리로 떠나고 싶은 노마드였다.

떠나고 싶었지만 머무를 수밖에 없었던 심만호는 서서히 기억마저 잃어가게 되는데, 그렇게 답답하게 가로막힌 노마드에게 가능한 도주의 길은 글쓰기였다. 그러니까 그것은 영도와 라스팔마스 사이에서 이리저리 흔들렸던 심만호가 선택한 또 다른 희망의 장소였던 것이다. 이것은 조강우의 증언이다. "그래서 글을 써보니 어떻습니까, 하고 물었습니다. 좋은지, 나쁜지, 기쁜지, 슬픈지 그런 얘기를 기대했어요. 그런데 의외였어요. 형님은 그땐 잘 몰랐던 사실을 알게 되었다고 했습니다. 무얼 알게 되었느냐고 다시 물으니, 그 큰 배에서 도망치고 달아났는데 어디로 도망치지 못했다고 그러더군요. 이 섬이 그 배라고. 자기가 거기서 벗어난 줄로만 알았는데, 조금도 벗어나지 못했다고 했습니다."(103쪽) 그림자의 섬인 영도(影島)는 피란민들의 정착지였다. 난리를 피해 떠나온 자들을 품어주었던 그 자리에 정착한 자들은 떠나온 곳, 떠나온 이들에 대한 그리움과 회한을 마음의 그림자처럼 품고 살아갈 수밖에 없었다. 그림자를 벗어나고 싶었으나 섬의 그림자는 그들을 놓아주지 않았다. 세월이 흐르자 그 섬에 자본이 들어오고 개발이라는 이름으로 우악스러운 것들이 이식되기 시작했다. "이 깡촌에 호텔이 들어설지 누가 알았겠나. 조각배 대신 요트가 드나들고, 깡깡이를 쳐대던 공장에는 카페가 선다는데 자네 같으면 미쳐 돌지 않을까."(40쪽) 이것은 평생을 바다에서 일했던 노인의 푸념이다. 그렇게 개발은 생활의 풍경을 바꾸었고 자본의 이해관계는 인정과 의리를 능가했다. 영도를 떠나 저인망 어선 카트리나로 밀항을 했던 심만호에게 무슨 일이 일어났는가. '카트리나'는 떠났으나 벗어날 수 없는 운명의 굴레, 그의 인생에 짙게 드리우고 있는 그림자, 그러니까 아마도 부처님의 손바닥과 같은 것이 아니었을까.

누군가가 기존의 완고한 경계를 넘어 다른 세계로 비약할 수 있기 위해서는 어떤 고행의 절차, 즉 고난의 순례와도 같은 입사의 의례(initiation)를 통과해야만 한다. 그것이 세상의 모든 성장의 이야기들이 갖는 공통된 도식이다. 이 소설에서 가장 많은 분량을 차지하는 분장이 '카트리나'이다. 여기서 심만호는 고향의 섬을 떠나 아버지를 찾는 모험의 길에 들어서고, 트롤선 카트리나의 제한된 공간 속에서 낯선 사람들을 만나 목숨을 잃을 수도 있는 위험한 일들을 겪게 된다. 의심스러운 물건들을 밀수하고 그 과정에서 잔혹한 살인도 서슴지 않는 무법의 공간, 그러니까 이곳은 법과 규범이 지배하는 이른바 '대지의 노모스'(칼 슈미트)와는 구별되는 공간이다. 대지의 바깥, 그러니까 노모스의 바깥에 있는 망망한 대해는 오직 사느냐 죽느냐의 생존을 건 투쟁이 벌어지는 순수한 피지스의 세계이다. 그러고 보면 심만호와 함께 그 배에 오른 정영대, 최낙수, 차유민은 모두 범법자였고 법의 추격에서 벗어나려는 사람들이었다. 결국에는 카트리나의 승선자 중에 심만호만이 유일한 생존자가 되어 그곳을 탈출한다. 그는 그 예외적인 공간에서 적과 동지의 구분을 통해서 적대하거나 연대했고, 그렇게 격렬한 투쟁 속에서 모두 죽고 혼자만 살아남았으며, 결국은 다시 집으로 돌아와서 결혼을 하고 아이를 낳고 가장의 책임을 지고 외항선을 탔다. 그는 그렇게 노모스의 세계 안에서 순응하는 것처럼 살았지만 카트리나의 기억은 그를 끊임없이 저 '바깥'의 먼 바다로 충동질했다.

『되겠다는 마음』 표지

오성은의 단편소설 「고, 어해」는 여러 면에서 『라스팔마스는 없다』를 예비한 작품처럼 읽힌다. 이 단편에서 금광호의 심광배는 무성호의 심만호에 비견할 수 있겠는데, 두 배는 모두 항구에 접안한 선박에 기름을 조달하는 유류선이다. 그리고 이 단편에는 작가 오성은의 아버지가 실제로 겪었던 에피소드, 그러니까 정박시켜 놓았던 배의 밧줄이 풀려서 영도대교로 떠내려간 배가 교각의 일부를 들이받았던 사고가 언급되어 있다. 그러나 이 소설의 핵심은 심만호가 알츠하이머를 앓게 된 것처럼 심광배가 폐병을 앓게 된 것에 상징적으로 압축되어 있다. 요컨대 운항한 지 32년이 되어 고철로 폐기되어야 할 정도로 낡은 금광호의 선체는 늙고 병든 심광배의 신체와 하나이다. 그렇게 선체와 신체는 오랜 노동의 기억이 깃든 하나의 구체적 장소인 것이다. 심만호가 배의 표정을 읽어낼 수 있었던 것처럼 심광배는 배의 울음소리를 들을 줄 아는 사람이다. 이처럼 평생을 탔던 배의 선체는 그들의 신체와 환유적인 동시에 은유적이다. 그리고 무엇보다 그 신체와 선체는 바다라는 대자연(피지스)과 더불어서 하나의 육체를 이룬다. "하지만 이 소리는 금광호가 우는 소리나 대형 선적이 내는 소리가 아니었다. 오직 노인에게만 들리는 바다의 소리였다."* 이렇게 소리를 통해서 선체나 바다와 서로 교감할 수 있는 그 몸의 예민한 역량, 대자연의 이법 안에서 서로가 하나로 이어져 있다는 이런 유기체적인 감수성이 인상적이다. 그러나 부서지고 파편화된 현실의 역사를 하나의 전체로서 매끄럽게 봉합하는 그런 유기적인 동일성의 사고에 내재하는 어떤 위험에 대해서는 언제나 세심하게 주의를 기울여야 한다. 심광배가 수주한 마지막 작업은 마약거래였고, 결국 그는 그 범법의 행위에 가담하되 그것을 좌절시키는 것으로써 그의 마지막 항해를 수행한다. 인간의 법리(대지의 노모스)를 능가하는 대자연의 섭리 안에서 그는 그간의 삶을 정리하고 죽음을 받아들인다. 그렇게 심만호와 심광배는 대지를 떠나 바다를 향해 그들의 마지막 남은 생명을 쏟아서 기투(企投)하였던 것이다. 그러나 우리는 그들이 향하는 곳이 세속을 등진 영원의 세계라는 형이상학적 관념의 장소인가에 대해서 역시 끈질기게 물어야만 할 것이

---

* 오성은, 「고, 어해」, 『되겠다는 마음』, 은행나무, 2022, 21쪽.

다. 나는 우선 이 작가가 라스팔마스는 '없다'고 한 그 미묘한 단언, 즉 아버지에게로의 귀순을 거부하고 있다는 것에 나름의 기대를 걸어보고 싶다.

단지 동향이라거나 같은 곳에 산다는 장소의 친근성이나 근접성이 불러일으키는 공속감은 여러모로 의심스럽다. 그 같은 장소의 감각은 우리가 남이가, 라는 예의 그 배타적인 자기 동일성의 논리와 쉽게 내통하기 때문이다. 중요한 것은 그 장소를 어떻게 주체화하는가, 즉 자기의 몸을 움직여서 노동함으로써 얻게 되는 장소와의 교감에 있다. 어머니의 자궁과도 같은 섬(고향)은 심만호의 삶을 오직 생활과 생존에의 자족으로 고착시키는 장소였다.* 고향, 즉 어머니의 품에서 벗어나 아버지의 세계로 향하는 이른바 오이디푸스 콤플렉스의 패턴은 모든 성장서사의 일반적 도식이다. 아버지의 세계로 재영토화하는 '성장'이란 탈영토화하는

---

* 지리학자 최창조는 젊은이들이 고향을 떠나 도시로 향했던 산업화 시기의 이른바 이촌향도(離村向都)의 요인을 개발근대화의 논리로만 설명할 수가 없다고 보았다. "농촌 젊은이들이 대도시로 떠난 것은 물론 일자리와 미래에 대한 희망을 바라서이다. 하지만 그들의 고향 마을이 심리 공간 속에서 과밀하다고 느꼈기 때문은 아닐까? 도시는 젊은이들이 스스로 진보할 수 있고 보다 나아질 수 있다고 보는 곳이다. 역설적으로 기회가 줄어들고 있는 시골에 비해 도시는 덜 혼잡하고 덜 막힌 곳으로 인식된다."(최창조, 『닭이 봉황되다』, 모멘토, 2005, 84쪽) 이 인용문에서의 농촌과 도시는 심만호에게는 각각 섬과 바다에 비견될 수 있다. 그 바다가 과밀하지 않은 곳으로서 덜 혼잡하고 덜 막힌 곳이라고 한다면, 이촌향도 내지 섬에서 바다로의 도약이란 영토화된 공간을 탈영토화하는 일종의 도주라고 할 수 있을 것이다.

노마드의 '도주'와 분명하게 구분되어야 한다. 심만호는 고향의 섬에서 동일성의 공속감에 안주하지 않았고, 마침내 예측할 수 없는 미래의 일들을 함께 맞이하는 낯선 타자들과의 우발적인 연대를 통해 또 다른 공속의 감각을 얻을 수 있었다. 카트리나의 일곱 명 승선 인원들 중에서 최낙수와 차유민이 심만호와 어렴풋하게나마 어떤 공속감을 함께 나누는 동료였고, 나머지는 그의 목숨을 노리는 적들이었다. 같은 배를 탔다는 것이 공속감의 근거가 되는 것이 아니라, 결정적인 예외의 순간에 어떤 선택을 하느냐에 따라서 적이 되기도 하고 동지가 되기도 한다. 칼 슈미트의 말 그대로 예외를 결정하는 자가 주권자이다. 바로 그 때와 장소에서 바로 그 예외적인 순간의 결단을 내림으로써 그들의 운명이 갈라졌다. 이문(二門)이란 무엇인가, 영도냐 라스팔마스냐 혹은 규범이냐 예외냐의 그 두 갈래 길 앞에서, 제 삶의 주인으로 사는 주권자는 그런 양자택일을 거부하고 또 다른 어떤 문(異問)을 만들어내야만 하는 것이다. 그것이 바로 선택의 차원을 넘어선 주권자의 결단이다.

 이 소설의 큰 이야기 줄기는 어느 날 갑자기 사라져버린 심만호의 흔적을 뒤쫓는 아들 규보의 시선을 따라 펼쳐지는 추적의 서사라고 할 수 있겠다. 무성호와 함께 사라진 심만호의 행방이 아들 규보의 입장에서는 실종일지 모르지만, 심만호에게 그것은 라스팔마스와 영도 사이에서 벙버듬하게 주춤거렸던 오랜 번민의 시간을 끝내고 드디어 운명을 껴안고 노마드의 길로 들어서는, 그야말로 처음이자 마지막의 인생을 건 결단이라고 할 수가 있다.* 그래서 그것을 "비로소 첫 번째 항해다"(231쪽)라고 한 것이다. 그러나 규보의 집착어린 마음은 끈질기게 아버지를 붙잡고서 그냥 놓아줄 수가 없다. "그러나 규보는 그걸 지켜볼 뿐 인사에 대한 대답을 정중히 유보했다. 아직은 끝인사를 나눌 때는 아니라고 되뇌며 두려움을 삼켰다."(220쪽) 이처럼 애도되지 못한 이별의 정념은 멜랑콜리가 되어 다시 그에게로 돌아올 것이다. 혹여나 이런 규보에게 작가의 자의식이 겹쳐져 있는 것이라면 나는 좀 실망스러울 것 같다. 부자 사이의 갈등을 단절과 비약으로 이끌어내는 대신에 집착과 미련 속에서 감상에 젖어 안주(정주)해버린다는 것은, 가능한 도주(탈영토화)의 길을 끝끝내 포기해버리고

---

* 오성은의 단편소설 「창고와 라디오」는 아내의 갑작스런 사라짐, 그 실종을 뒤쫓는 남편의 이야기라는 점에서 이 소설과 함께 살펴볼 만한 작품이다. 이 소설은 '되기'와 '생성'이라는 존재의 변이에 대한 상상력을 통해서 역시 정주하지 않는 도주의 길, 심만호가 추구했던 바로 그 노마드의 삶을 이야기한다. 9년 동안 매일 같은 직장을 다니며 같은 일을 했던 아내는 마침내 다른 무엇이 '되겠다는 마음'을 갖는다. 그 결심이 바로 이문(二門)이라는 양자택일을 지양하고 이문(異問)의 길을 내는 결단이라고 할 수 있겠다. 그러나 남편이나 그의 친구 강은 아내들의 그 '되겠다는 마음'을 제대로 헤아려내지 못한다. 남편은 어떤 경계를 넘어서듯 바다를 건너 아내의 고향집 섬으로 찾아가서야 비로소 이렇게 아내의 그 마음에 닿을 수 있었다. "나는 무엇이든 될 수 있을 것만 같은 기분을 느꼈다."(오성은, 「창고와 라디오」, 『되겠다는 마음』, 215쪽) 그러나 아버지 심만호의 사라짐 앞에서 규보는 왜 그 떠남(아버지의 결단)을 받아들이지 못하는가, 아니 왜 놓아주지를 못하는가?

마는 것이기 때문이다.* 그러나 엥겔스의 어느 유명한 서신에서 짚어냈던 '리얼리즘의 위대한 승리'처럼, 좋은 글은 언제나 작가의 의도를 배반하며 제 나름의 길을 열어낸다. 이 소설에서 우리가 읽어내야 하는 것은 무엇인가. 두 개의 문 중에서 어느 하나를 선택하는 것이 아니라, 주어진 선택지를 탈영토화(탈구축)함으로써 또 다른 세계로 나아갈 수 있는 새로운 문(도주로)을 만들어낼 수 있느냐가 관건이다.

이 소설은 아버지(라스팔마스)와 아들(영도)이라는 두 개의 문 사이에서 번민하며 흔들리던 심만호가 카트리나라는 또 다른 통로를 통해 새로운 항해에 나서는 이야기이다. 두 개의 서로 다른 세계, 그 이문(二門)의 공간 사이에서 불안하게 흔들렸던 그는 미래를 알 수 없는 카트리나에 몸을 싣고 험난한 고행의 항해를 거친 뒤에 이윽고 도달하게 될 구원의 장소를 꿈꾼다. 그렇게 섬사람 심만호는 그 '최초의' 항해(결단)를 통해 경계가 없는 드넓은

---

* 오성은은 아주 작은 소책자의 합동 창작집 『소설 영도』(베리테, 2021)에 「깊은 밤 작은 별」을 수록했다. 이 짧은 소설은 원양어선을 타고 스페인의 말라가 항구를 비롯해 세계 곳곳을 누비던 아버지의 죽음을 애도하는 이야기이다. 영도의 어느 등대 앞 방파제에서, 역시 외항선을 타는 외삼촌과 함께 가족들이 초를 켜고 막걸리를 뿌리고 노래를 부르는 장면은, 아버지에 대한 애도이면서 동시에 그 가장의 삶에 대한 헌사이자 헌정인 것처럼 보인다. 그리고 소설의 마지막에 그 애도의 이야기가 과거형으로 물러나면서, 지금 자기의 잠든 딸아이를 바라보는 아비의 정다운 마음으로 매듭 되는 것은 환하고 따사롭지만 너무 감상적이다. 그 애틋한 가족주의의 이념과 정념에 비판적인 거리를 두지 못할 때 '아버지'의 삶은 그저 애도와 헌정이라는 과거형의 대상으로 환원되어버릴 수 있다.

바다의 인간으로 거듭날 것이다. 그것이 비록 어떤 통속적인 판타지일지라도 역시 그것은 또 다른 세계를 향한 힘찬 도약일 것이라고 믿고 싶다. 고향에 대한 낭만적 향수에 붙들려 있어서는, 부친의 인생에 대한 애틋한 감상에 빠져들어서는, 또 다른 세계로의 도약이란 결코 가능할 수 없다는 것을 그 믿음과 더불어서 힘껏 당부하고 싶은 것이다.

전성욱

10
바다에서 생각하는 부산의 미래

1. 해역도시, 부산

부산 하면 가장 먼저 떠오르는 관광지가 해운대, 광안리 등의 해수욕장이나, 태종대나 해동용궁사와 같은 바다에 연한 문화유산, 그리고 자갈치와 같은 해산물 판매 시장 등등 모두 바다와 연결된 것이 대부분일 정도로 부산은 바다와 아주 밀접한 관련을 갖고 있다. 차라리 바다=부산이라고 해도 될 듯하다. 한때 부산시가 한때 해양수도를 표방했던 것 또한 부산의 정체성을 구성할 때 중요한 요소로 바다를 말하고자 했던 것일 터이다.

부산에는 이러한 관광지 외에도 바다와 연관된 다양한 역사와 문화가 숨어 있으며, 또 그것을 담는 공간도 존재하고 있다. 이것은 원래 바다와 인접한 지역이란 지리·지경적인 조건에 의해 형성된 것이지만, 여기에 사람들 그리고 그들의 얘기가 모이고 그래서 부산에는 다양한 얘기를 담은 공간이 형성되어 왔고, 이것이 다시 부산을 표상하고 있다. 먼저 지리·지경적인 조건으로 인해 부산은 바다 건너 지근한 거리에 있는 일본과 쉽게 연결될 수밖에 없고, 이것은 부산을 형성하는 중요한 요소의 하나가 되었다. 초량왜관이나 아직도 흔적이 많이 남아 있는 왜성은 이것을 나타내는 유적이다.

이런 일본과 부산의 관계성은 근대 이후에도 지속되었다. 강화도조약에 의해 가장 먼저 개항된 곳 역시 부산이다. 이로 인해 부산은 조선 전체가 일본 식민지 지배를 받기 전부터 일본의 영향을 받기 시작했으며, 일본에 의한 근대화가 전개되었다. 현재는 많이 사라지고 흔적이 남아 있지 않지만, 개항도시 부산에는 일본식의 도시화로 인해 도처에 근대문화유산이 생겨났다. 최근 재개관한 부산근현대역사박물관이 이를 전시하고 있는데, 거의 비슷한 개항의 경험을 공유하는 아시아 해역도시 곧 인천, 상하이 등과 비교해서 보는 것도 흥미롭겠다. 특히 제국주의 국가 일본에 의해 근대화가 진행된 도시는 공통된 도시화의 역사를 공유하고 있다. 다시 말해 부산, 인천과 타이완의 도시는 그 공통된 근대문화유산을 갖고 있다. 그런 점에서 식민지 모국 일본의 해역도시와 부산, 가오슝, 타이난 등의 한국과 타이완 도시들 간의 공통성을 분석하고, 이를 역사화해서 그 도시의 근대성을 규명하는 일이 필요하겠다. 최근 아시아 해역도시에서 전개되고 있는 도시재생사업에서도 근대문화유산을 간직한 원도심 개발이 주요한 아젠다로 등장하고 있는데, 부산 역시 예외는 아니다. 부산의 특수성을 규명하고, 이를 도시재생사업으로 연결해서 미래부산을 디자인하는 일이 긴요하다.

현재 부산은 새로운 미래를 준비하려고 한다. 그것은 연일 언론에 보도되는 뉴스만 보더라도 알 수 있다. 부산의 미래를 둘러싼 논의들, 예를 들어 세계화(세계도시건설), 가덕도신공항 건설과 엑스포 개최, 부울경 메가시티 논의, 북항재개발, 도시재생사업 그리고 최근의 글로벌허브도시 등이 그것이다. 이를 바다 곧 '해역과 인문학'이란 관점에서 생각해보자.

2. 글로벌화와 로컬, 글로컬

무엇보다 부산을 부산으로 정의하고 객관화하면서 과거를 되돌아보고 미래를 구상하는 일이 본격적으로 전개된 것은 글로벌화의 세례를 받은 20세기 후반인 듯하다. 글로벌화(세계화)가 맹위를 떨치던 시기 부산 역시 본격적으로 세계화에 대한 인식을 갖고, 그것을 위한 전략을 구상하기 시작했다. 이때 나온 한 보고서에 따르면 부산의 세계화 잠재력을 1)동북아 경제 결절점이자 환동해 경제권과 환황해 경제권, 환발해 경제권역, 한일해협권역의 교류지점으로 동아시아 비즈니스 거점도시 2)동아시아의 물류중추도시 3)남북통일과 대륙철도의 기착점 4)아시안게임 등 국제적 이벤트 적극적 유치 5)국제인프라 완성에 의한 세계적 교류거점 형성 6)다도해관광거점의 국제관광리조트 도시 7)다핵도시 연합형 대도시권 출현 등을 들었다. 이 가운데 현재도 지속적으로 추진하고 있는 항목도 있다. 물류와 비즈니스 거점 도시, 국제적 이벤트 유치와 대도시권 형성 등이 그것이다. 이 보고서가 제시한 부산발 세계화의 추진 내역은 주로 해역도시 부산의 세계화 전략 그리고 잠재력을 일차적으로 경제나 비즈니스 분야에서 찾고 있다고 할 수 있다. 그런데 이와 함께 2000년대 들어와서는 '부산학'이라고 명명된 연구가 진행되었다는 점도 세계화의 흐름에서 제기된 것임을 잊어서는 안 될 듯하다. 이것은 해역도시의 세계화 전략이 지닌, 곧 경제 일방통행 다시 말해 미국 주도의 세계화에 대한 대응전략이면서 동시에 세계도시로서의 위상을 갖추기 위한 자체적인 지역화 전략의 성격도 있는 것으로 해석할 수 있다. 그래서 부산성 탐구 그리고 해양도시 부산이 지닌 해양성에 대한 분석 등으로 나타난 부산학은 지역화에 대한 인문학적 접근이라고 하겠다. 부산학이라는 특정 지역도시의 학문이 성립하는 배경에는 바로 세계화에 대한 작용과 반작용이 있는 것이다.

3. 도시재생사업과 북항재개발

이처럼 외부에서 불어온 세계화에 대한 반작용으로 지역성에 대한 탐구가 대두된 것의 연장선상에서 도시재생사업이 각 지자체를 중심으로 전개되었다. 일찍이 산업구조의 변화로 인한 도시 쇠퇴를 경험한 유럽, 미국 등 국가를 중심으로 물리적 환경개선과 함께 경제·사회적 측면의 잠재력을 파악하여 재활성화를 실현하는 도시재생 정책으로 전환하려는 노력이 진행되었다. 도시재생의 기본 목표는 대도시 지역의 무분별한 외부확산을 억제하고, 도심부의 쇠퇴를 방지하기 위한 경제적 사회적 환경적 상태를 지속적으로 개선하여 도심부로의 인구 및 산업의 회귀를 촉진하여, 도심 재활성화와 도심부가 도시 활성화의 촉매제 역할을 하도록 하는 것으로 요약할 수 있다.

역사적으로 부산은 한국 제2의 도시이자 항구도시로 성장해 왔다. 2000년대 들어 도심 공동화와 노후화 문제가 대두되면서, 부산시는 도시재생 정책을 적극적으로 추진했다. 특히 감천문화마을, 영도다리 프로젝트, 부산항 재개발 사업 등을 통해 역사문화자산의 보존과 활용, 창의적 공간 창출, 주민참여형 사업 등을 시도하며 도시재생의 새로운 모델을 모색하고 있다. 부산시 도시재생전략계획은 2015년에 최초 수립되었으며, 도시재생

감천문화마을 (출처:위키피디아)

사업의 패러다임 변화 대응과 정부 정책에 맞춘 전략계획 수정이 필요하여 2020년에 '2030 부산광역시 도시재생전략계획(변경)'을 변경하였다. 부산시 도시재생전략계획에는 향후 10년간 전략적으로 추진할 도시재생활성화지역을 지정하는 안이 담겨 있다.

그런데 한국에서 시행하는 도시재생사업이 유럽문화수도 프로그램과는 달리 단기적 이익을 달성하는 데 그치고 있는데, 그 이유는 이러한 시도들에서 하나의 공동체 속에 살아가는 사람들의 문화를 찾아볼 수 없기 때문이다. 문화라고 하는 것은 하나의 공동체가 가지고 있는 장구한 역사와 그에 따른 현재의 삶을 담아내고 있기 때문에 결코 단기적 속성만을 가질 수 없다. 문화적 기능을 가지고 있는 도시재생사업 또한 마찬가지로 단기적으로 관광의 효과를 지닐 뿐만 아니라, 장기적으로 그곳에 살고 있는 주민들의 실제적인 삶의 질까지도 높여줄 수 있어야 한다. 도시재생은 이제 더 이상 개발과 건축의 범위에 한정되어 있지 않고 문화적 기능, 사회적 기능, 경제적 기능을 아우르고 있다. 도시재생의 개념 안에 포함된 어메니티(amenity) 개념* 역시 문화를 중심으로 이루어지는 종합 쾌적성을 우리에게 알려줌으로써 문화가 오늘날 가지는 중요성을 시사한다.

---

* 어메니티란 사람이 어떠한 사물이나 환경에 느끼는 쾌적성, 즉 물질적이며 정신적인 생활환경의 종합적인 쾌적성을 뜻한다.

4. 부울경 메가시티 제안

 최근 부울경 메가시티 구상이 부산경남권 지역 자치단체를 중심으로 활발하게 논의되고 있는 듯하다. 또 중앙정부에서 K 뉴딜 정책을 발표하자, 지방 중심의 뉴딜 정책이 되어야 한다며 비수도권 지역민들이 주장하고, 여기에 편승하여 부산시 역시 북항재개발, 철도시설 지하화, 가덕도 신공항 건설 등 지역 현안을 풀어내고자 노력하고 있다. 아울러 해프닝으로 끝났지만, 중국의 민간단체에서 제기되었다고 하는 상하이-부산-규슈의 동북아 해역도시를 연결하는 결절점으로서 부산시에서 가까운 양산에 바이러스 등 생명공학 관련 벨트를 조성하자는 구상도 부산 지역을 중심으로 한 미래 발전방안으로 눈길을 끈 바 있다. 미래 부산의 청사진을 그려 보려는 이와 같은 최근 지자체 및 정치권의 구상은 탈국민국가와 글로벌화에 대응하는 지역발

북항 재개발 (출처: 부산항만공사)

자체 발전구상으로, 이는 '메가트렌드 아시아 또는 중국' 그리고 '메가아시아'라는 사회과학적 지역 또는 도시 이론을 배경으로 하고 있다.

곧 부산을 중심으로 한 메가시티 구상은 이러한 이론에 기반하고 있으며, 이를 초국가적인 지역 간 연합으로 구상한다면 메가아시아로 나갈 수 있겠다. 아직 발상 수준의 이러한 주장들이 실제적인 기획으로 전개되기까지는 시간이 필요하겠으나, 이미 다양한 분야에서 이와 관련한 제안들이 나오기 시작했다. 예를 들어, 문화 분야에서는 부울경 메가시티 구상에서 지역 간 문화통합이 선행되어야 한다는 제안을 내놓고 있는 것이다.

물론 이것은 부산의 입장에서 본다면, 산업화 시대를 이끌었던 제조업 기반이 사라지고 난 뒤 새로운 성장동력을 찾아 도시에 활력을 불러일으키려는 노력이다. 이후 부산시가 추구한 해양도시 전략에 의해 몇몇 금융권의 이동이 있었고, 또 해양관광업 활성화 도모 등의 계획이 추진되었으나, 아직 이렇다할 성과를 얻지 못했다. 게다가 물류거점이 부산의 동부와 서부권으로 이전하면서 생긴 도시 공동화 현상이 강화되자, 영남권의 거점지역을 중심으로 네트워크를 형성하고, 그 가운데 4개의 중심도시(부산, 울산, 창원, 진주) 간의 연계를 강화함으로써 시너지를 효과를 통해 공동 성장을 추구하고자 한 것이다. 전 세계적으로도 1천만 명 이상의 도시가 2018년 33개에서 2030년에는 43개로 증가할 전망인 것으로 보면 메가시티는 세계적인 현상이라고 할 수 있다. 이처럼 세계화에 의해 리저널리즘의 대두가 종전의 국가 간 연합이 아니라 국가의 특정 지역이 확대되는 형태로 등장하고, 이처럼 특정 지역의 메가시티는 대체로 해역도시를 중심으로 해서 나타나고 있는 것이 특징이다. 이제 전 세계는 다극체제로 전환하고 있고, 부울경 메가시티 구상 역시 이러한 세계화의 추세에 따른 것이지만, 안으로 들어가 보면, 수도권 집중과 지역 소멸이란 한국적 상황에 의거한 부산의 자구책이라고도 할 수 있다. 물론 이것은 전적으로 경제공동체 형성이 주가 되지만, 자연스럽게 행정 및 생활공동체를 포함하는 다양한 문제를 안고 있다. 개별적인 지자체들이 연합하여 거대한 지역공동체를 형성하는 것이기 때문에 풀어야 할 문제는 산적하다.

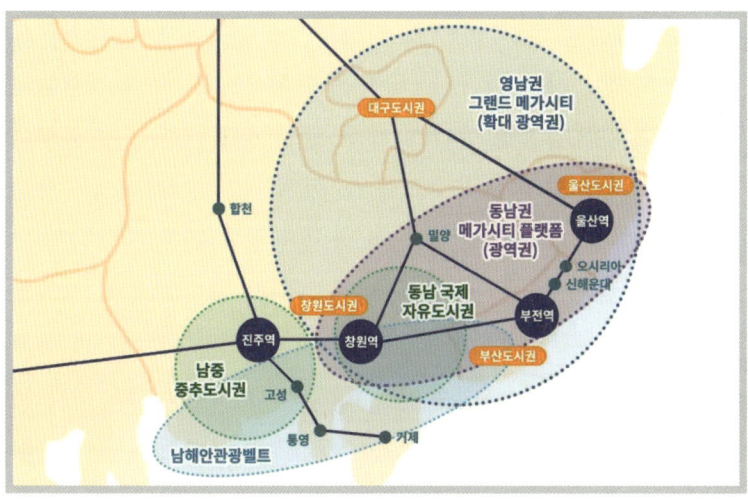

부울경 메가시티 (출처: 경상남도)

5. 가덕도신공항 건설과 부산엑스포

실패로 끝났지만 2030엑스포 유치 그리고 부울경 메가시티 구상 등의 이면에는 역시 모빌리티의 문제가 놓여 있다. 그 대표적인 것이 가덕도신공항 건설이다. 이와 관련해 가덕도신공항 건설을 단순한 공항 건설에 만족하지 말고, 새로운 인류의 아젠다를 실현하는 핵심 기지가 되는 전략으로, 우리도 자랑할 만한 국책기반시설을 건설해 나가야 한다는 주장은 타당하다. 이것은 부산시가 추진하는 국제 프로젝트와 세계도시화 전략으로서, 가덕도신공항 건설은 부산 신항만과 함께 물류의 거점이 됨으로써 배후지인 동남권역의 산업단지 및 거점도시와 연결되는 플랫폼으로 중요한 역할을 하게 된다. 또 공항은 화물 수송을 통한 직접적인 경제적 이익을 창출할 뿐만 아니라, 공항이 입지한 곳에 공장이나 물류기지 등의 건설을 유도할 수 있어 지역 경제를 더욱 성장시키는 효과도 기대할 수 있다. 따라서 공항의 건설은 단순히 교통인프라의 확충이라는 차원을 넘어 공항이 들어서게 될 지역의 성장전략과 더불어 종합적이고 중장기적인 지역개발계획의 차원에서 접근해야 한다. 공항 건설이 교통 관련 부서만의 업무가 되면 지역 파급효과는 기대하기 어려울 수 있다. 그뿐만 아니라 항공 산업이 발달함에 따라 공항은 단순히 항공기가 이착륙하는 단순한 교통시설에서 벗어나 점차 복합적인 기능을 수행할 수 있는 공간으로 거듭나게 되었다. 오늘날의 공항은 여객 및 물류 서비스를 제공하고 창출하는 하나의 거대기업으로 성장했다. 나아가 공항도시(Airport City 또는 Aeropolis) 개념을 도입하여 현대 사회경제 활동의 요구에 부응하는 데 필요한 제반 기능을 고루 갖춘 거대하고 독립된 하나의 도시로 진화되고 있다. 최근에는 공항 상주직원의 생활수요까지 충족시킬 수 있는 주거환경을 비롯하여 호텔, 컨벤션센터, 사무실, 상가, 위락시설, 자유무역지대, 항공·관광업체, 쇼핑센터 등 공항도시의 효용가치를 높이는 전략을 구사하고 있다.

그런데 공항 건설과 함께 전개되는 이러한 해역도시의 확장이 가져다줄 경제적 효과는 클지 모르지만, 이에 따라 파생되는 문제 또한 만만치가 않다. 대표적인 것이 해역도시 주변에 존재하는 어촌 지역의 소멸이다. 이러한 소멸은 지역문화학의 입장에서 본다면 이곳에 살고 있는 사람들의 삶과 생활의 변화에 따라 이들이 계승해온 문화의 소멸을 초래한다. 세계화가 함께 추동된, 부산학에서 제기한 부산성이라는 것은 곧 로컬리티를 찾아가는 문제인 것이다. 이 소멸이 다른 것으로의 전환으로 나타날지 아니면 흔적조차도 남지 못하게 될지 하는 것은 결국 세계화에 따른 현지세계화(지역세계화)의 과제이다.

그래서 가덕도 주변의 해역과 어업유산을 보존하면서 공항을 만들 수 있는 방법을 생각하고 공생과 상생의 철학을 실현하는 아름다운 신공항 건설을 지향해야 한다. 탈세계화론자들 그리고 제레미 리프킨의 논지를 따른다면, 모빌리티의 문제는 앞으로 영향력이 축소될 수 있을지는 모르지만, 지구적 이동이란 현상은 사라지지 않는다. 물(바다)의 회복력을 염두에 두면서 이에 맞는 기술 개발과 거버넌스 구성은 해역도시의 세계화를 추진할 때 깊이 고민해야 할 문제다. 부산은 다른 도시의 경험을 거울 삼아 미래지향적인 해역도시를 형성해가야 한다. 그 실천은 가덕도신공항 건설에서부터 시작되어야 한다. 인공섬 위에 건설한 간사이공항이 친환경 공법을 사용하여 당시로서는 미래지향적인 공항 건설 사례로 평가를 받았듯이, 가덕도신공항은 21세기 후반 세계화를 둘러싼 다양한 논의들, 특히 이동의 플랫폼이면서도 그 플랫폼 자체가 하나의 인문학에 바탕을 둔 문화를 만들어서 해역도시 부산이 블루 어바니즘(Blue Urbanism)을 구현하는 미래지향적인 건설이 될 필요가 있다. 경제적인 효과를 따지면서 가덕도신공항에 대한 성공여부에 찬반이 존재한다. 이러한 논의보다 부산의 해역도시민들과 그 주변 사람들이 행복한 삶을 영위할 수 있는 공항 건설과 인프라 형성에 대한 창의적인 논의가 필요한 시점이다. 이것은 해역도시 부산(로컬)이 발신하는 세계화(글로벌)에 대한 기대이기도 하다.

가덕도신공항 (출처: 가덕도신공항건설공단)

6. 글로벌 문화도시

2024년에 들어와서 부산시가 싱가포르나 두바이 같은 세계적인 글로벌 허브 도시로의 비상을 시작했다. 앞서 부산시는 2030 세계박람회(엑스포) 유치에 실패했지만, 이 과정에서 부산시 도시 브랜드 가치는 급상승한 것으로 파악하고 있다. 따라서 지금부터는 이에 걸맞은 발전 전략이 필요한데 이를 글로벌 허브 도시 조성으로 풀어나가겠다는 구상이다. 부산시가 추진하는 글로벌 허브 도시는 부산을 싱가포르·상하이·두바이 같은 국제 자유 비즈니스 도시로 만들겠다는 것이다. 이를 통해 부산을 남부권 혁신 거점 도시로 조성해 동남권 발전과 나아가 국가균형 발전을 이루겠다는 목표다. 부산을 물류·금융·첨단산업 분야에서 글로벌 경쟁력을 지닌 도시로 조성하기 위한 특구 지정과 특례에 관한 내용 등을 담고 있다. 구체적으로 남부권 균형발전을 위해 국가와 부산시가 주도적으로 협력해 시책을 발굴하고 추진하도록 하는 내용을 담았다. 이를 위해 국무총리실 소속 '글로벌허브 도시 조성 및 경쟁력 강화를 위한 위원회'를 신설하고, 남부권 지방자치단체와의 협력을 강화하도록 했다. 법안은 또 글로벌 허브 도시 조성에 필요한 물류, 금융, 첨단산업 기반을 조성하기 위한 분야별 시책도 규정했다. 분야별 시책으로는 국제물류특구 지정을 통해 경제자유구역이나 자유무역지역으로 신속하게 지정될 수 있도록 하고, 해당 특구에 대한 관세 등 면세나 각종 자금지원이 이뤄지도록 했다. 국제금융 특구 지정으로 관련 특례와 기업

유치를 위한 각종 지원이 적용되도록 하고 첨단산업 같은 대규모 투자유치를 위해 지정되는 부산 투자진흥지구에는 외국 투자기관에 대한 특례, 입주기업에 대한 자금지원 등이 이뤄지도록 했다. 법안은 글로벌 허브 도시 활성화를 위해 글로벌 교육환경, 생활환경, 문화·관광환경을 조성할 제도적 기반도 마련하도록 했다. 자율학교, 유아교육, 외국교육기관의 설립과 운영에 대한 특례와 출입국관리의 특례가 적용되도록 하는 한편, 외국인자녀어린이집, 외국인서비스 확대와 함께 문화자유구역 지원을 통한 문화산업 및 예술가 등의 활동도 지원하는 내용을 담았다.

이 계획은 결국 부산을 국제 자유 비즈니스 도시로 육성한다는 것이다. 그런데 이 계획이 과연 부산과 부산시민들이 바라는 것인지는 꼼꼼히 따져 봐야 한다. 앞에서도 말했던 도시의 어메니티 개념에 대한 천착이 빠져 있기 때문이다. 오랜 기간 지속되어 온 획일적인 도시경관은 21세기에 들어와 그 도시 속에 살아가는 사람들에게조차 아무런 감동을 주지 못하게 되었고 편리할 수는 있지만 쾌적하다고는 할 수 없는 도시경관에 사람들은 경각심을 갖게 되었다. 그들은 문화적으로 살기 좋은 쾌적한 환경을 추구하게 되었으며, 그에 따라 도시의 문화와 정체성을 회복하려는 움직임을 나타내기 시작하였다. 물론 여기에서 말하는 쾌적성이란 그 도시에 살고 있는 주민들뿐만 아니라 도시를 방문하는 관광객들까지 느낄 수 있는 것이어야 한다. 실제적으로 도시재생 분야의 전문가들은 보다 많은 사람들이 이러한 종합 쾌적성, 즉 문화적으로나 경제적으로 공생하는 여유, 환경보존, 청결, 친근감, 인격성, 좋은 인간관계, 환경적으로 느낄 수 있는 정감, 보건시설이 갖추어져 있는 도시에서 느껴지는 안정감과 평온함 등 다양한 가치개념에 접근하기를 바라고 있으며 '인간이 살아가는 데 필요한 종합적인 쾌적함'을 누리기를 원하고 있다.

이미 유럽공동체는 문화적 영역에 역사적으로 끊임없이 관심을 가져왔다. 문화에 대한 그들의 관심은 1985년부터 현재까지 주요 문화교류정책 프로그램의 하나로 시행되고 있는 유럽문화수도 프로그램으로 이어졌다. 유럽문화수도 프로그램은 오늘날 그 중요성이 날로 높아지고 있는 어메니티 개념에 근거해서 문화적으로 살기 좋은 도시, 문화적인 생활여건이 충족되는 도시를 만들고 유럽의 특수한 문화적 산물을 개방하며 상호접근이 가능하도록 하기 위해 시행되었다. 유럽문화수도의 다양한 사례들, 특히 독일의 구동독 지역에 속했던 바이마르의 사례는 유럽문화수도 프로그램의 도시재생사업을 잘 보여준다. 독일 통일 후 바이마르는 기존에 존재하던 건물을 허물고 다시금 새롭게 짓는 식으로 프로젝트를 진행해나간 것이 아니라 기존에 존재하던 건물을 유지하면서 필요한 부분이 있다면 그 부분만을 보수공사 하는 식으로 프로젝트를 진행해나갔다. 그 결과 이전부터 존재해왔던 건물의 부분은 전통적인 느낌을 유지할 수 있었고 새롭게 보완된 부분은 현대적인 느낌을 살릴 수 있었다. 그 외에도 바이마르는 다양한 문화공연과 이벤트를 시행함으로써 많은 관광객을 유치하였고 그곳에 거주하는 주민들에게도 긍정적인 인식을 심어주었다.

부산에서도 마찬가지로 부산을 문화도시로 만들기 위해 모인 민간단체의 크나큰 노력이 있었다. 그들은 "거리간판 이제는 바꾸자!"라는 글귀가 적힌 어깨띠를 두른 채 거리에서 간판 실태조사 및 모니터링을 하였고 식수 현장을 찾아 녹화 실태에 대한 조사에 나서기도 하였다. 달맞이 고개에 계수나무와 달맞이꽃을 심었으며 이 운동이 발전된 형태인 도시녹화운동을 직접 관리·운영하기도 하였다. 뿐만 아니라 문화자원봉사자를 끊임없이 양성하였고 '찾아가는 문화공연'을 펼쳤으며 '대학생 문화자원봉사자 발족식'을 거행하였다. 이렇듯 부산은 시민참여형 운동을 전개함으로써 문화적 역량을 결집하였고 지역방송을 통해 홍보 기능을 뒷받침하였다. 부산을 포함하여 한국의 다양한 도시들이 문화적으로 살기 좋은 도시의 총체적 모습을 갖추게 된다면 그 도시는 자연스럽게 하나의 관광지가 될 것이고 끊임없이 회자되는 한국의 수도권 집중 현상도 완화될 수 있을 것으로 기대해 본다.

7. '사람'이 사는 도시, 부산

해역은 세계화의 첨병인 장소(공간)이다. 자본, 사람, 물자, 문화 등이 가장 빨리 강렬하게 충돌하는 장소로서 그 양상은 수용과 적응 또는 대응으로 나타난다. 또 이로 인해 공간의 변화가 발생하는데, 에스니시티, 혼종, 환대 그리고 정체성, 문화유산, 제3의 문화, 정체성, 문화유산 등의 문제를 내부적으로 갖고 있다. 아울러 산업화에 의해 해역공간에는 재난, 환경파괴의 문제가 발생하고 이는 생태와 공존이라는 곧 리프킨이 말하는 회복력이 글로벌적 과제가 되었다. 현재 동아시아해역은 중국(대륙)의 세계화 대

중국(해역)과 일본과 한국(해역)의 세계화가 진행되고 있고, 앞으로 재세계화+친환경+지속가능성의 문제를 함께 고민하면서 탈세계화, 탈산업화, 블루경제, 환경보호를 위한 동아시아적 나아가 지구적 연대가 요구되고 있다. 문명론적으로 자연인 바다의 회복력을 구현하는 해역간 거버넌스(해역네트워크)를 형성하면서 블루에 기반한 지속가능한 해양산업과 해상건축(공항, 항만)의 미래를 구상해야 한다. 따라서 단지 과거 회귀가 아닌 블루테크노+인간의 행동+지구적 거버넌스가 결합된 실천과 프로그램이 요구되는데, 이러한 문제를 동아시아 해역 특히 해역도시들이 어떻게 풀어가는지 정리해보자.

먼저 중국의 세계화를 살피는데 이를 위해 가장 좋은 사례로서 홍콩을 들 수 있다. 홍콩은 중국으로 반환되기 훨씬 전인 1970년대부터 아시아의 네 마리 용(Four Asian Dragons)의 하나로서 경제성장을 달성해나가면서 대륙 중국의 앞바다에서 세계화의 길을 달려갔다. 그리고 중국에 반환된 이후에도 최근의 웨이강아오대만구 건설이라는 해역권역에 편입되면서 중국의 해상진출의 입구로서 일대일로라는 중국식 세계화 전략에 자신의 역할을 다하고 있다. 이러한 움직임은 세계화의 한 현상으로 공간혁명과 확장이 모빌리티의 문제와 연결되고, 이것은 공항이나 항만과 같은 해상건설과 접목되는 것으로 보인다. 그리고 앞에서도 말했듯이, 이 해상건설과 이에 따른 해역도시의 변화가 발생할 때 파생되는 환경파괴 및 어민들의 생존권, 해역문화유산의 보존 등과 같은 문제에 대한 대응 그리고 이 공동의 문제에 대한 거버넌스 구성의 필요성은 글로벌적 문제이다.

홍콩 이외에도 동아시아의 대표적인 해역도시들 요코하마, 고베, 상하이, 광저우, 싱가포르 등이 이 문제에 대해 어떻게 대처하고 있는지를 살펴보고, 이를 통해 부산의 변화도 같이 고민해보고 또 나아가서는 새로운 세계화의 방향을 찾아볼 수 있다.

부산은 인구감소의 문제를 가장 심각하게 느끼고 있는 도시 중의 하나이다. 앞에서 말한 여러 가지 사업계획은 결국 사람이 없으면 실현될 수 없는 일이다. 사람이 찾아오고 그래서 그 사람들이 어우러져 경제활동과 일상생활을 영위해야 도시는 지속적으로 존재할 수 있다. 추진하고 있는 이런 부산의 많은 계획들이 인구감소로 인한 지역도시의 소멸로 이어지지 않게 하려는 노력인 것은 분명하지만, 오히려 이와 같은 거대한 건설 프로젝트에서 핵심인 사람(과 도시공간)에 대한 고민이 빠져 있다면 그것은 더 큰 문제이다. 사람이 오고 싶고 살고 싶은 도시를 만드는 일에서 부산의 미래 기획은 출발해야 하고, 그것을 어떻게 실현할 것인지는 많은 부산시민들의 관심과 협력에 의해서만 가능할 수 있다. 사람이 살고 싶은 매력적인 해역도시 부산을 꿈꿔 본다.

서광덕

참고문헌

1. 은둔의 나라? 해양사로 본 조선과 부산의 세계화

박화진, 「전근대 부산포 초량왜관의 해양교류 양상 – 일본선 부산포 입항사례를 중심으로(1689-1691)」, 『동북아문화연구』 60, 2019, 67-91면.

신상원, 「표류기를 통해 본 동아시아 해역의 근세 세계화」, 『인문사회과학연구』 25(1), 2024, 1-41.

한정훈, 「고려시대 동남해지역 해양사와 중심 포구의 이동 – 조선 초기 부산포 개항과 관련하여」, 『항도부산』 42, 2021, 37-71면.

A.G. Hopkins, ed., "Globalization in World History", New York: Random House, 2002.

Griffis, W., "Corea, the Hermit Nation", London: W. H. Allen, 1882.

Johnston, Harry and Hutchinson, H. N., "The living races of mankind", Vol 1, London, Hutchinson & co, 1902.

2. 부산의 계단과 축대

부산광역시 동구, 『부산의 부산 동구 이야기』, 2016.

부산구술사연구회 · 부산대학교 한국민족문화연구소, 『離鄕과 경계의 땅 부산의 아미동-아미동 사람들』, 2011.

부산광역시 부산진구, 『이야기가 열리는 안뜰, 안창』, 2022.

3. 닫힌 항만, 열린 항만

『신증동국여지승람』

조선총독부 관보(호외) 제령(制令) 제7호, (1913.10.30.)

해양수산부 · 부산항만공사 편, 『부산항북항재개발사업 백서 2』(세종: 해양수산부, 2023)

4. 이민자의 도시 부산

김석란, 2007, 「재한일본인 아내의 결혼동기에 관한 연구」, 『일어교육』 42, 241-258.

류주현, 2012, 「결혼이주여성의 거주 분포와 민족적 배경에 관한 소고: 베트남·필리핀을 중심으로」, 『한국지역지리학회지』 18(1), 71-85.

박철규, 2008, 「1914년 전후시기 부산지역 유력 일본인」, 『부산의 도시 형성과 일본인들』, 선인, 277-316.

이용균, 2007, 「결혼 이주여성의 사회문화 네트워크의 특성: 보은과 양평을 사례로」, 『한국도시지리학회지』 10(2), 35-51.

이용균·이현욱, 2012, 「이주자 공간의 지도화와 공간분포의 특성: 국적과 체류유형을 중심으로」, 『한국지도학회지』 12(2), 59-74.

이지선·천혜정, 2008, 「한국남성과 연애 결혼한 일본여성의 한국결혼생활적응의 의미에 관한 연구」, 『한국가족관계학회지』 13(2), 57-76.

임인숙·강충구·전병희, 2010, 「국제결혼 경로별 부부권력과 부부관계 만족도-경기도 이주여성들을 중심으로-」, 『가족과 문화』 22(1), 35-63.

조현미, 2009, 「일본인 국제결혼여성의 혼성적 정체성」, 『일본어문학』 45, 521-544.

藤田則貴(후지타 노리타카), 2016, 「在韓日本人妻高齢者の生活状況と今後の課題」, 『国際経営·文化研究』 21(1), 283-294.

IOM, 2022, World Migration Report 2022.
(https://worldmigrationreport.iom.int/wmr-2020-interactive/)

부산일본인회 홈페이지, http://busanja.com/

통계청, 2023, 인구동향조사.

내외통신, 2022.09.02. 경북도의회 정경민 도의원 경주 나자레원 위문품 전달.

5. 부산과 서발터니티

서울대학교 사회학과 형제복지원연구팀 엮음, 『절멸과 갱생 사이, 형제복지원의 사회학』, 서울대학교출판문화원, 2021.

전성현, 「일제강점기 부산 유곽의 실태와 일본군과의 관련성」, 『역사와 경계』 109. 2018.

전성현, 「1876년 '개항'의 개념적 의미와 역사적 성격」, 『항도부산』 39, 2020.

전성현 외, 『일본인 이주정책과 재조선 일본인사회』, 동북아역사재단, 2021.

차철욱, 「한국전쟁 피난민들의 부산 이주와 생활공간」, 『민족문화논총』 45, 2010.

6. 경계짓기와 경계넘기

김현경, 『사람, 장소, 환대』, 문학과 지성사, 2015.

동서대학교 중국연구센터 편, 『동아시아 시민성을 향하여 - 부산형 민주시민교육의 모색과 전망』, 소요-You, 2021.

부산 문화다양성 실태조사 정책포럼 자료집 (2019)

에마누엘 레비나스, 김도형 외 옮김, 『전체성과 무한』, 그린비, 2018.

정우영, 『순한 먼지들의 책방』, 창비, 2024.

Gloria Anzaldúa, "Borderlands/La Frontera: The New Mestiza"(5th Edition), Aunt Lute Books, 2022.

7. 연결을 넘어, 연대의 기호로서 읽는, 바다 위 다리들

David McCullough, *The Great Bridge: The Epic Story of the Building of the Brooklyn Bridge*, Simon & Schuster Books, 1983, 7쪽.

Ira Bruce Nadel, *Donald MacDonald, Golden Gate Bridge: History and Design of an Icon*, Chronicle Books; First Edition, 2008, 서문.

김수영, 『김수영 전집 1: 시』, 「현대식 교량(現代式 橋梁)」, 민음사, 2018.

연합뉴스, 2017년 12월 23일 기사
https://www.yna.co.kr/view/AKR20171218143400051?input=1195m

8. 해양문화도시, 부산

공미희,「한국전쟁기 부산의 경제상황과 피란민의 경제활동 연구」,
『지역사회학』 23(1), 2022.
김창일,『영도에서 본 부산의 해양문화』, 문화체육관광부 국립민속박물관,
2020.06.
박보은·이현석,「유휴공간을 활용한 공공예술 전시의 특성 -'2022
부산비엔날레'를 중심으로-」,『만화애니메이션연구』(69), 2022.
박화진,『해양도시 부산 이야기』, 한국학술정보, 2018.03.
박화진,『해양도시 부산의 역사와 문화』, 부경대학교출판부, 2019.03.
손환·조민정,「일제강점기 부산 해운대의 여가시설에 관한 연구」,『Asian
Journal of Physical Education and Sport Science』 9(6), 2021.
임정덕·백충기,「부산국제영화제의 성공요인과 효율성 분석」,
『국제지역연구』 10(1), 2006.
장은진,『부산의 문화예술콘텐츠』, 초록꿈틀터, 2015.02.
전종우·우미원,「영화제가 도시브랜드 태도와 방문의도에 미치는 영향 :
부산국제영화제를 중심으로」,『한국광고홍보학보』 25(3), 2023.
조정민·이수열,「해운대 관광의 탄생」,『인문연구』(72), 2014.
차철욱,「한국전쟁 피난민과 국제시장의 로컬리티」,『한국민족문화』 38,
2010.

9. 지방문학, 혹은 고유한 것들의 장소화

김영민,『집중과 영혼』, 글항아리, 2017.
마리아 미스·반다나 시바, 손덕수·이난아 옮김,『에코페미니즘』개정판,
창비, 2020.
오성은,『라스팔마스는 없다』, 은행나무, 2023.

오성은, 『되겠다는 마음』, 은행나무, 2022.
오성은 외, 『소설 영도』, 베리테, 2021.
최창조, 『닭이 봉황되다』, 모멘토, 2005.

10. 바다에서 생각하는 부산의 미래

김예성 외, 「문화주도 도시재생의 지역 개발 효과-유럽문화수도 프로그램을 중심으로」, 韓國地域經濟研究 21호, 2012.
서광덕, 「해역의 시각에서 다시 보는 세계화 그리고 동북아해역」, 해항도시문화교섭학 29호, 2023.
서광덕, 「해역네트워크의 관점에서 다시 보는 부산항 - 부산 연구를 위한 이론적 시탐(試探)」, 인문사회과학연구 Vol.21 No.4, 2020.
이원일, 「광역협력과 도시재생을 통한 해양도시의 발전방향 모색」, 해항도시문화교섭학 29호, 2023.

찾아보기

3세대 결혼이민자 84
40계단 29-30

ㄱ

가덕도신공항 215, 219, 222, 224
감천문화마을 31, 46, 48, 217
거버넌스 223, 229
경계 99, 105-106, 110, 115, 119, 130, 133-135, 137, 146, 205, 210-211
경계넘기 119, 127, 130
경계짓기 119
경상도 아가씨 29
계단 29-34, 39, 41-42, 46, 48, 50, 52, 54, 146
계단식 주택 39, 41-42
「고 어해」 206-207
골든 게이트 브릿지 149, 154, 156, 158
관문도시 99, 101-103, 105, 106, 108, 110, 115-117, 168
관문성 99, 106
국제시장 29, 38, 142, 167, 180
권력 46, 99-103, 107, 109, 116-117, 123
귀환동포 36-37, 39, 50, 65, 102, 113, 116, 121-122, 196
근대문화유산 214
글로벌허브도시 215, 225-226
「깊은 밤 작은 별」 211

ㄴ, ㄷ

내선결혼 83
다리 133-134, 137-147, 149-152, 154-156, 158, 160-162, 172-175, 203-204, 217
도시 서사 144, 146-147
도시노동자 39
도시재생사업 214-218, 227

ㄹ, ㅁ

『라스팔마스는 없다』 189, 198, 200, 206
리저널리즘 220
문화 관광 도시 181

ㅂ

부동 30, 99
부산 11, 14, 16-23, 25, 28-31, 34-42, 44-46, 49-50, 52, 54-77, 81, 83-117, 119-134, 140-148, 158, 163-172, 174-188,

192-198, 213-228, 230
부산국제영화제　127, 164, 181, 183, 185, 187-188
부산바다축제　164
부산비엔날레　127, 164, 181, 183, 185-188
부산엑스포　222
부산일본인회　86-87, 93, 96
부산학　216, 223
부산항　36, 54-74, 76-78, 83, 103, 108, 115-116, 146-147, 163-165, 168, 174, 187, 197, 217
부산항대교　144-147
부용회　84-86
부울경 메가시티　215, 219-222
북항재개발　60, 65, 67-68, 71-73, 77-79, 215-216, 219
브루클린 브릿지　149, 151-153
블루 어바니즘　224

ㅅ

사쿠라노카이　91-93, 96-97
산동네　30, 33-34, 36, 39-42, 44-46, 48-50, 52, 54, 114, 116
산복도로　41-42, 44, 49, 123, 146-147, 187
상징성　160
서발터니티　99, 117

서발턴　99, 103, 109, 113, 116-117
세계화　11, 14-17, 20, 22, 24-28, 84, 190-191, 215-216, 220-221, 223-224, 228-230
소수자　101-102, 125-126, 135
수용소　33, 37, 114-115
시영아파트　40, 116
식민주의　109-110, 112

ㅇ

안창마을　51-52
야요이회　85
어메니티　218, 226-227
어촌 마을　163
언어교환　89-90, 93-94
연결　13-16, 23-24, 28, 30-31, 46, 59, 64, 100-101, 107, 119-120, 134, 137-141, 143-144, 146-147, 149, 154, 156, 160, 172, 174-175, 183, 186, 191, 197, 213-215, 219, 222, 229
연대　93, 133, 137, 140, 160-161, 206, 209, 229
영도다리　140-143, 145, 172-175, 203-204, 217
영화의 전당　183-184
오성은　189, 198-200, 206-207, 210-211

왜성 214
원거리 연애 89, 94
원도심 38, 44, 46, 116, 121, 143, 147, 214
유랑민 34, 39, 50
이동 52, 81, 99, 106-108, 127, 139, 145, 147, 160, 177, 220, 223-224
이중 언어 91
인문학적 상상 138, 140
인천대교 144-145
일본인 공동묘지 33-34, 50

ㅈ

자갈치 시장 61, 164, 169, 171-172, 175
자갈치 아지매 169-172
자본주의 15, 64, 99-103, 109, 117
자연 103-105, 117, 155-156, 158-160, 163, 175, 179, 181-182, 229
장벽 56, 106, 119, 125
장소성 120, 149, 193
재한 일본인 처 85
재한일본인부인회 85
정체성 28, 34, 100, 144, 164, 171, 183, 185, 187-189, 195-196, 213, 226, 228

제국주의 99-102, 106, 116-117, 197, 214
젠더 101-103, 109, 119

ㅊ, ㅋ

「창고와 라디오」 210
초량 이바구길 31, 54
축대 29, 31, 33-34, 41-42, 46, 50, 52, 54

ㅌ, ㅍ

타자 101-102, 124, 134-135, 209
판잣집 29, 37-42, 50, 166, 174
피란민 29-30, 34, 37-39, 50, 121-122, 134, 166-169, 173-174, 204

ㅎ

항구도시 163-164, 196, 217
해수욕장 128, 159, 175-181, 187, 213
해양관광 79, 175, 181, 185, 220
해양문화 57, 163-164, 168-169, 181-185, 187-188
해양수도 74, 213
해운대 108, 116, 146, 164, 175-183, 187, 213
해운대모래축제 181
해운대온천 177

호천마을 31-32
환대 98, 124-126, 134-136, 228
환대하기 119, 127, 130, 133